大乗仏教

ブッダの教えはどこへ向かうのか

佐々木 閑 Sasaki Shizuka

NHK出版新書
572

はじめに

本書は「大乗仏教《だいじょう》」がテーマです。この企画はもともと、私が勤める花園大学の授業を聴講している、一人の社会人学生との対話がきっかけでした。彼は会社勤めをしている三十代の男性ですが、授業のあとに私の研究室に来て、次のような質問をしたのです。

「日本の仏教には、どうしてたくさんの宗派があるのですか?」

これに対して私が「それぞれに、信奉しているお経が違うからですよ」と答えたところ、「どうして違ったお経がたくさんあるのですか?」と尋ねてきます。

そこで私が「お経は中国から入ったのですが、そのほとんどが、もとはインドで作られたものです。インドでいろいろな種類のお経が作られて、それが中国へ伝わり、日本にも伝わってきたので、中国にも日本にもたくさんの宗派ができたのです」と言うと、「では なぜ、インドでいろいろな種類のお経が作られたのですか?」と、質問が止まりません。

「ああ、これは一度、釈迦の教えから始めて、仏教成立史全体を概観する必要があるなあ」と思い、それから月に一度、計六回にわたって、彼を相手に個人講義をすることにしました。

始めてみると、これが意外におもしろくて、大学の講義の場合は数十名の学生の前で一方的に私が話すかたちですが、一対一の対話になると、こちらの意表を突くような質問が出て、話がどんどん展開します。毎回、適度な緊張感の中で、本質に迫る対話ができて、思いのほか満足しました。

そこでNHK出版から仏教をテーマにした企画の相談をされた際、是非ともこの時の状景を本にしてみたいと考えました。二人の対話の呼吸をできるだけ忠実に活字化するという、かなり難しい作業でしたが、なんとか『別冊NHK100分de名著 集中講義 大乗仏教』というムックにして、二〇一七年四月に出版することができました。中身は、釈迦の教えを基礎に据えたうえで、様々な大乗の教えを個別に読み解いていくという、あまり例のない解説書になりました。

そのムックは、幸いにも読者の反響が大きく、細部をもっと詳しく知りたいというご意見や、たくさんのご質問をいただきました。大乗仏教という言葉は知っているし、自分たちの住む日本が大乗仏教国であることも知っている。しかし、その大乗仏教というのがいったいどのような教えなのかは、さっぱりわからなかった。それが、このムック本を読むことで、その概略が理解できたという、ありがたい感想も多くの方から頂戴しました。

今回、そのムックを新書化するにあたり、そういったご意見も参考にしながら、新たな質疑応答と図版を加えて、ムックでは少々急ぎすぎた部分を整理し直し、さらには新しい章(講)を書き下ろして、日本仏教の流れもよりわかりやすく解説しました。「大乗仏教の意味を正しく知りたい」と願う人たちのお役に立てば幸甚です。

大乗仏教——ブッダの教えはどこへ向かうのか　目次

第一講　「釈迦の仏教」から大乗仏教へ

大乗仏教はお釈迦様直伝の教えではない？

青年　今回は、大乗仏教をテーマにお話をしていただけるとのことで、誠にありがとうございます。どうぞよろしくお願いします。

講師　こちらこそよろしくお願いします。それでは早速始めていきましょう。

「日本は国民の半数以上が、特定の宗教を持たない無宗教国家である」などと言われることもあります。しかし、実際には私たちのほとんどは、なんらかのかたちで仏教、あるいは仏教的なものと関わりを持ちながら暮らしています。

ふだんは「どんな宗教も信じていない」とおっしゃっている方たちが、それでもいざとなれば、親族の葬儀を仏式で行うことに違和感を持ちませんし、お盆やお彼岸の時期には当たり前のようにご先祖のお墓参りに出かけています。意識せずとも私たちの生活の中には、仏教的なものが深く根づいているのです。

しかし、しきたりや儀礼にこだわっているわりに、仏教とはいかなる宗教なのか、その発祥や教えには、みなさんあまり関心がないようにも見受けられます。あなたの場合はどうですか。ご自分の家の宗派についてご存知ですか？

青年　亡くなった祖母の葬儀の時に「南無阿弥陀仏《なむあみだぶつ》」とお坊さんがとなえていたから、おそらく浄土真宗《じょうどしんしゅう》だと思います。いや、浄土宗《じょうどしゅう》だったかな？ お恥ずかしいことに仏教にはそれなりに関心はあるのですが、家の宗派についてはよく知らないのです。

講師 最近の若い人の中には、代々どこかの寺に檀家として属していながらも、家の宗派についてはご存知ないという方が意外に多いものです。でも仏教に少しでも興味がおありなら、「大乗《だいじょう》仏教」という言葉はお聞きになったことがありますね？

青年 はい。仏教には小乗《しょうじょう》仏教と大乗仏教の二種類があって、日本に伝わっているのは大乗仏教だというのは知っています。たしか、小乗仏教は「限られた人しか救うことのできない小さな乗り物」、大乗仏教は「すべての人を救ってくれる大きな乗り物」を意味するのでしたね。

講師 大筋は間違っていませんが、少しだけ説明を加えておきましょう。小乗仏教は、今でもスリランカやタイ、カンボジア、ミャンマー、ラオスなどで信仰されています。

一方の大乗仏教は小乗仏教よりも五百年ほどあとに誕生した新しいかたちの仏教で、中国や朝鮮半島、日本など東アジアを中心に信仰されています。両者の大きな違いは、小乗仏教では出家して特別な修行に励んだ者だけが悟りを開くことができると考えるのに対し、大乗仏教では、在家《ざいけ》のままでも悟りに近づくことができると考える点にあります。しかもその悟りは、小乗仏教の悟りよりもはるかに優《すぐ》れているというのです。

この小乗仏教という呼び名は、大乗側からの見下した呼び名なので、今では「上座部仏教」と呼んでいます。上座部仏教と、その起源になった大昔のオリジナルの仏教には違いも多いので、このあとは、そのお釈迦様時代のオリジナルの仏教は「釈迦の仏教」と呼ぶことにします。

青年　大乗仏教と「釈迦の仏教」では、発祥年代や、悟りに対する考えに違いがあるというのはわかりました。でも大乗仏教もお釈迦様が作ったものですよね。とすると、根本となる教えは同じと考えてよいのですか？

講師　そこが少々問題なのです。お坊さんの中には「宗派や教えに多少の違いはあっても、目指す山の頂《いただき》は一つである」とおっしゃる方もおられますが、「釈迦の仏教」と、私たち日本人が信仰している大乗仏教とでは、じつは教義の内容がまるで異なっているのです。もともとあった「釈迦の仏教」にのちの人が手を加え、オリジナルの教えとは別のものとして、日本や中国に伝わったのが大乗仏教だと思ってください。

青年　いきなりびっくりすることをおっしゃいますね。今のお話からすると、先生は「大乗仏教はお釈迦様の正しい教えではなくて偽物だ」と言っているように聞こえます。もしそうなら、大乗仏教のことをわざわざ勉強する意味などなくなってしまうのではないですか？

講師　どうぞ誤解しないでください。私はどちらが正しくてどちらが正しくないのかを論じるつもりはありませんし、大乗仏教を否定する気もありません。どちらの教えにも人々を苦しみから救ってくれる力があるのは事実です。もし本当に大乗仏教がお釈迦様の教えを曲解しただけの底の浅いものでしたら、これほど長きにわたって信仰されているはずはありません。とっくの昔に途絶えてしまっているはずです。

青年　ということは、大乗仏教が現在に至るまで日本人に信仰されてきたのには、それなりの理由や意味があったから、というわけですね？

講師　もちろんです。ただ歴史的視点で見ると「大乗仏教は、本来の釈迦の教えとは異なる別個の宗教である」ということだけは、最初に理解しておいていただきたいのです。それを踏まえたうえで「大乗仏教とはどういうもので、今の私たちに何を伝えようとしているのか」を考えていきましょう。

たとえ大乗仏教が「釈迦の仏教」とは別のものであったとしても、それを学ぶことには大きな意味があります。「釈迦の仏教」と大乗仏教の相違点を学び、ではなぜ違う教えがこの世に誕生してきたのかを知ることで、「大乗仏教の存在価値」がより明らかになってくるはずです。そうした私の思いをご理解いただいたうえで、これから話すことに耳を傾けていただけたらと思います。

自分を救いの拠り所と考えた「釈迦の仏教」

講師　それでは、大乗仏教と「釈迦の仏教」の教えのどこが具体的に異なっているのかを見ていきましょう。まずはお釈迦様のオリジナルの教えについて解説します。

先ほど申し上げたように「釈迦の仏教」では出家修行を最重要視しています。これは「出家してひたすら修行に励み、苦しみの源である煩悩《ぼんのう》を消し去ることでしか、人は真の安楽に達することができない」とお釈迦様自身が考えたからです。煩悩とは、人間の心を乱し悩ませる、執著《しゅうじゃく》（執着）・欲望・怒りなどの心の働きのこと。出家とは、財産や家族を捨てて「サンガ」と呼ばれる修行者集団に所属し、朝から晩まで瞑想《めいそう》を中心とした厳しい修行生活を送ることを意味します。サンガでは生産活動は一切禁じられていて、働くことはおろか畑を耕すことも認められていません。生きていくのに必要なものはすべて一般社会からのもらいものに頼って暮らすことになります。

図1　輪廻と五(六)道

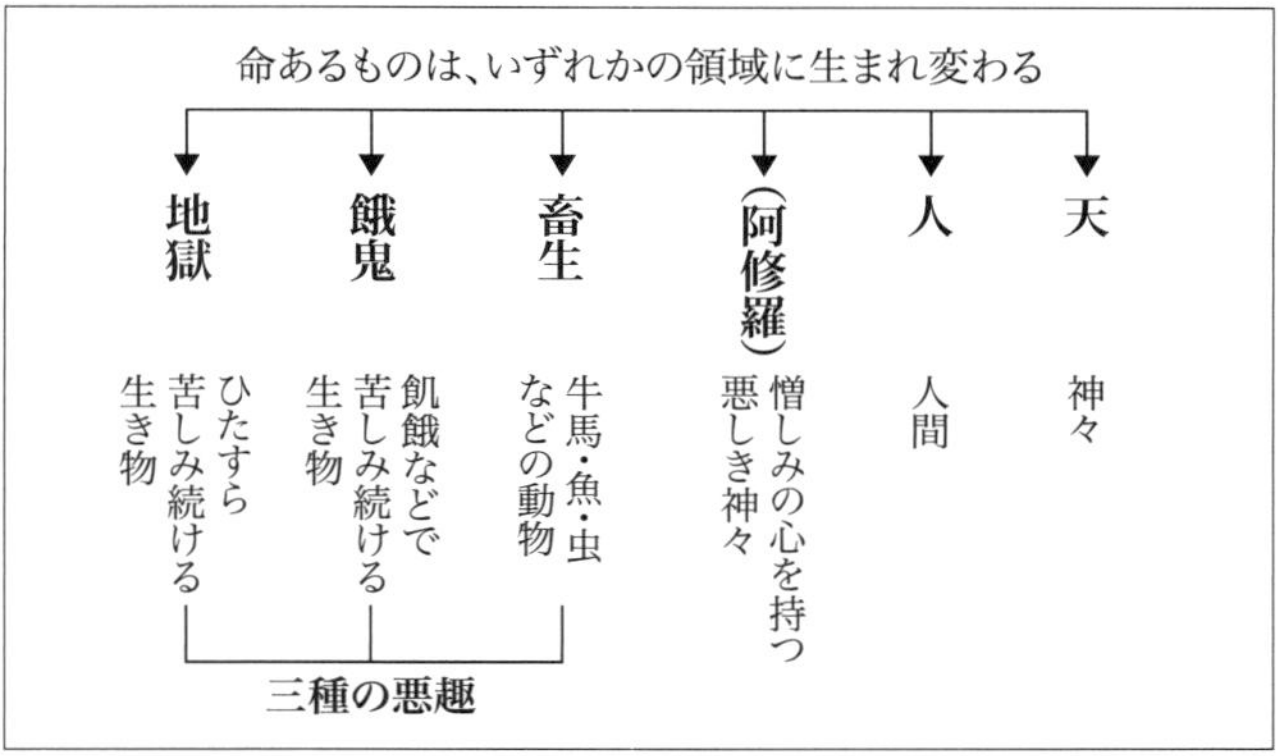

青年　働かなくてよいと聞くと魅力的にも感じますが、今の生活をすべてリセットするのはかなり難しそうですね。ちなみに厳しい修行の先に待ち受けている「真の安楽」とは、そんなに素晴らしいものなのですか？

講師　お釈迦様の言う「真の安楽」とは、悟りを開いて「涅槃《ねはん》」に到達することを指します。涅槃とは、自分の心の中の煩悩をすべて断ち切ることであり、同時にその結果として、二度とこの世に生まれ変わらないことを意味します。

仏教では、この世界は「天《てん》・人《にん》・畜生《ちくしょう》・餓《が》鬼《き》・地獄《じごく》」の五つ（のちの時代に「阿修羅《あしゅら》」が入って六つ）の領域からなり、あらゆる生き物は、この五つないしは六つの領域内で、延々と生まれ変わり死に変わりを繰り返すと考えられています。

善行を積めばよりよい世界に、悪行を犯せば悪い世界に生まれ変わることになるのですが、そういう延々と続く生と死の繰り返しを「輪廻《りんね》」と言います。涅槃というのは、仏道修行によって輪廻を止め、「二度と生まれ変わらない世界に行くこと」を意味するのです。

青年 地獄や畜生に生まれ変わるのはいやですが、また人間界に生まれ変われるのなら悪くはなさそうですね。輪廻って永遠の命が保証されているということですから、よいことではないのですか?

講師 あなたのように輪廻をプラスにとらえる人もいらっしゃると思いますが、仏教ではそうは考えません。お釈迦様は「生きることは苦しみである」ととらえたため、輪廻が続くということは、永遠に苦しみが続くことを意味します。だからこそ、二度と生まれ変わらない世界に入ることを最上の安楽と考えたのです。

青年 では、輪廻を止めて涅槃に到達するためには、具体的にどんな修行が必要となるのでしょうか?

講師 私たちを輪廻させているのは「業《ごう》」のエネルギーであり、そのエネルギーを作り出しているのが煩悩なので、自力で煩悩を消し去ることが修行の基本となります。そのためには、精神集中のトレーニングによって心の状態を正しく把握し、煩悩を一つずつ確実につぶしていかねばなりません。それまでの世俗の生活スタイルを離れ、修行だけに特化した生活、すなわち出家生活に入ることがどうしても必要となってくるのです。業と輪廻については、このあと第二講で詳しく説明します。

要するに、「釈迦の仏教」の最大の特徴は、何か外の力に救いを求めるのではなく、あくまで「自分の力で道を切り開く」という点にあります。救いの拠り所は自分自身。このことをしっかり頭に入れておいてください。

外部の不思議な力を拠り所と考えた大乗仏教

講師　次に大乗仏教の考え方について見ていきましょう。大乗仏教も、二度と生まれ変わることのない涅槃をゴールと考えた点は「釈迦の仏教」と同じです。しかし、そこに至るための方法が異なっているのです。

「釈迦の仏教」が自己鍛錬によって煩悩を消そうと考えたのに対し、大乗仏教では外部に私たちを助けてくれる超越者や、あるいは不思議なパワーが存在すると想定して、自分の力ではなく「外部の力」を救いの拠り所と考えました。

そうなると厳しい出家修行を行うよりも、不思議な存在との間にしっかりとした関係性を築くことのほうが重要になってきます。また、外部の力に頼ることで悟ることが可能だとすると、当然ながら自己修練のための組織であるサンガも意義や重みがなくなってきます。そのため大乗仏教では次第に「在家信者でも悟りの道を歩むことは可能だ」という考えが前面に出てくるようになったのです。

青年　お話をうかがっていると、大乗仏教には神秘の力が存在するけれど、「釈迦の仏教」には神秘性がほとんど存在しないとおっしゃっているように聞こえます。私は宗教というものは多かれ少なかれ、人智を超えた不思議な力をベースにしていると思っていたのですが違うのですか?

講師　意外に思われるかもしれませんが、仏教は本来、輪廻や業といった考え方を除けば、非常に合理的かつ論理的で、超越的な神秘性や不思議な救済者といったものは存在しないと考えます。つまり、苦しみが生じるメカニズムと、それを消すための修練方法の提示こそが「釈迦の仏教」の本義なのです。そうした意味では、「釈迦の仏教」よりも、神秘の存在を認めた大乗仏教のほうが、よっぽど宗教らしい宗教だと言ってよいのかもしれません。

青年　不思議な力に頼れば悟ることができるとは言っても、何もしなくていいはずはありませんよね。大乗仏教はいったい私たちに何をすべきだと説いているのでしょうか？

講師　それについてはのちほど詳しくお話ししますが、ひとことで言ってしまえば、様々な仏たちを敬い、あるいはお経をとなえながら、日常生活の中で人としての善い行いを続けていけば、それでよいということになります。だからこそ大乗仏教では、在家の生活者であっても悟りへの道を歩むことができるのです。

青年　意外に簡単ですね。それなら私にもできそうな気がします。ところで出家修行を基本と考えた「釈迦の仏教」には、「在家で修行する」という考えはなかったのでしょうか？

講師　当然、「釈迦の仏教」にも在家信者というものは存在します。大乗仏教にしろ「釈迦の仏教」にしろ、在家信者は、サンガに土地や建物、食べ物などを布施《ふせ》することで出家者をフォローする役目を担っていたという点では同じです。ただ、大乗仏教と「釈迦の仏教」とでは、その意味合いが異なります。

大乗仏教の場合は、在家信者の日々の善行が悟りのエネルギーにつながると考えるのに対し、「釈迦の仏教」では、在家信者の善行は世俗的な果報にしかつながらないと考えます。世俗的な果報とは、今より美男美女になれるとか、お金持ちになれるとか、あるいは輪廻世界の一領域である「天」の世界に生まれ変わるといった現実的な利益のことです。

つまり、大乗仏教ではすべての信者が「悟り」という同じ目標に向かっていこうとするのに対して、「釈迦の仏教」では、在家信者と出家者では、目指す目標にレベル差があると考えるのです。

お釈迦様の生涯と仏教誕生のプロセス

青年　「釈迦の仏教」と大乗仏教が別のものであることは理解できましたが、大乗仏教が、もとの釈迦の教えとは全く異なるものだとしたら、なぜ、そういうものがこの世に生まれてきたのかが謎ですね。

講師　おっしゃるとおりです。多少の解釈の違いならまだしも、救いの拠り所となるものが大きく異なっているのに、同じ仏教として共存できていること自体が謎ですね。

では、ここからは「大乗仏教がなぜ誕生したのか」についての説明に移りますが、その前にお釈迦様の生涯と、仏教が誕生した経緯について簡単に振り返っておこうと思います。仏教に興味を持っておられるのならご存知の話かとは思いますが、大乗仏教の発生にも深く関係してくることなので、復習のつもりで聞いてください。

仏教の開祖がお釈迦様であることは、すでにご存知ですね。お釈迦様の本名は、ゴータマ・シッダッタと言い、今から約二千五百年前にインド北部（現ネパール）の釈迦族の王子として生まれました。幼い頃は何不自由のない生活を送っていましたが、成長するにつれて、人間は「老いと病と死」の苦しみにもだえ続ける生き物であることを知り、二十九歳の時に新たな生き方を求めて出家します。

最初は断食などの苦行に没頭し、肉体を痛め続けることで心の苦しみを消滅させようと考えましたが、やがて苦行ではそれがかなわないことを知ります。そして方向転換して「心」の修行へと向かい、菩提樹《ぼだいじゅ》の下の瞑想修行により三十五歳でついに悟りを開きます。その後、八十歳で亡くなるまで弟子たちとともに各地を旅しながら人々に様々な教えを説いてまわったのですが、この時の「教え」が現在の仏教の基本となりました。

青年　お釈迦様は、修験道《しゅげんどう》の行者のように冷たい滝に打たれ、飲まず食わずで何日間も山を歩きまわった末に悟りを開いたのかと思っていましたが、苦行を否定していたとは初耳です。ちなみにお釈迦様は、生前に自分の教えや考えをまとめた文書のようなものを残してから、お亡くなりになったのですか？

講師　当時はまだ文字に書いて記録するという文化が発達していなかったため、お釈迦様の言葉は、聞いた人の記憶の中にしか保存されていませんでした。ですから、お釈迦様が亡くなって人々の記憶が失われてしまえば、その段階で教えも永遠にこの世から消えてしまいます。それを恐れた弟子たちは、記憶の中に残っているお釈迦様の言葉をみんなで共有することによって、後世に伝えていこうと考えます。伝説によると、「多聞第一《たもん》」と呼ばれた阿難《あなん》（アーナンダ）という弟子が一番よく覚えていたので、お釈迦様が亡くなった時、その阿難が、集まった五百人の弟子の前で生前に聞いたお釈迦様の言葉を口に出してとなえ、それをみんなで一斉に記憶したそうです。

その後、弟子たちはインド各地へと散らばり、口伝《くでん》で次の世代へと教えを広めていきます。やがて数百年経ち、文字で書き記すという文化がインドに定着すると、今度は文書として釈迦の教えが記録されていくことになりました。これがいわゆる「お経」の起源で、古い段階でまとめられた原始経典は『ニカーヤ』、それを漢訳したものは『阿含経《あごんきょう》』と呼ばれています。

仏教拡大の理由とは？

青年　当時のインドには、仏教以外にも宗教は存在していたのですか？

講師　お釈迦様の時代のインドでは、バラモン教という宗教が定着していて、多くの人々

図2　「釈迦の仏教」の経典（原始経典）

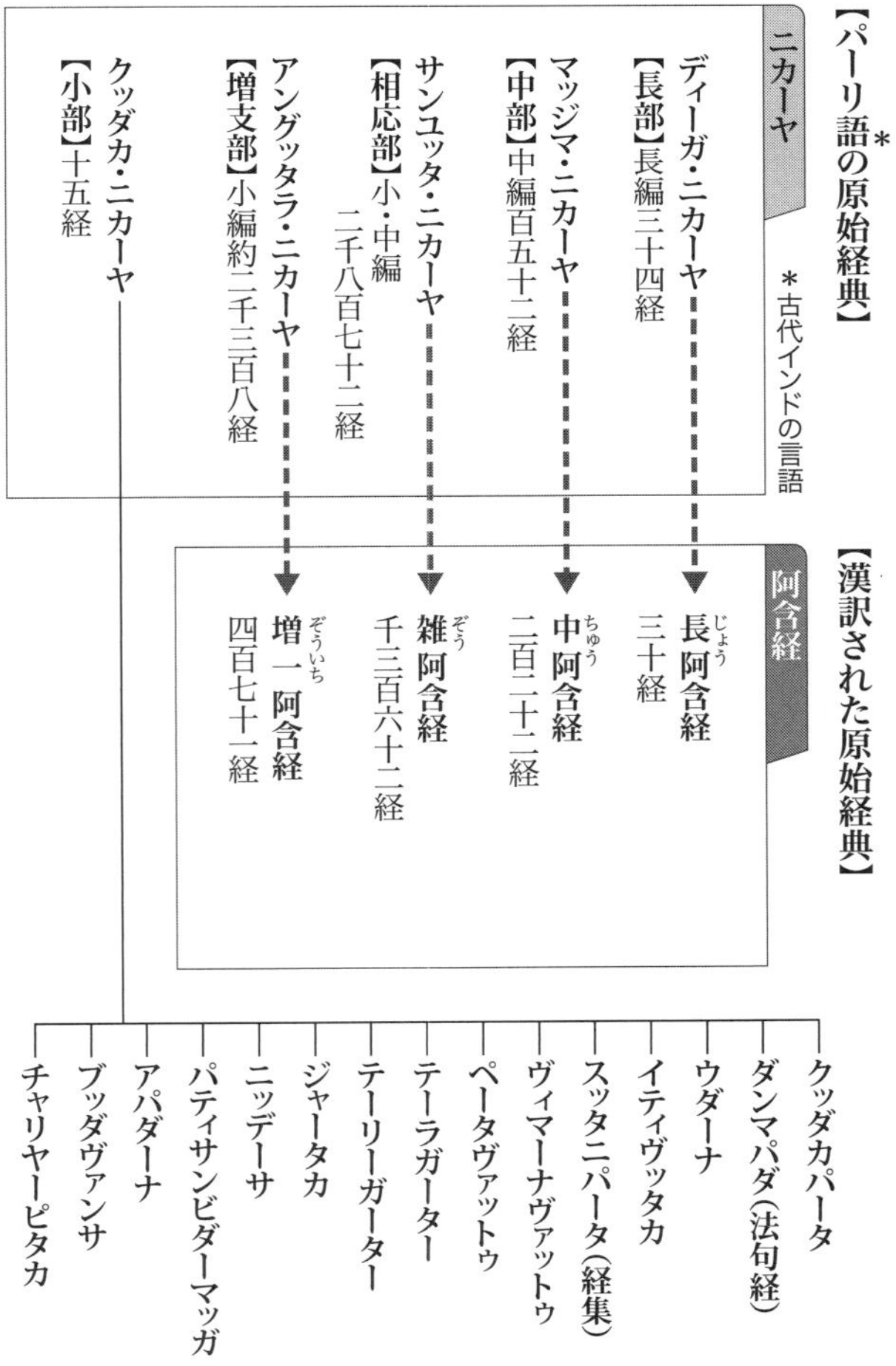

がそれを信仰していました。これは、今のヒンドゥー教のもとになった宗教です。しかし、お釈迦様が亡くなってしばらくすると、そのバラモン教中心のインド全土で、仏教が大いに拡大していくことになったのです。

青年 マイナーな新興宗教の一つだったはずの仏教が、既存の宗教を押しのけるかたちで急速に広まっていったとは不思議ですね。仏教が一挙にインドに拡大していった理由とは何だったのでしょうか?

講師 お釈迦様が亡くなってから百~二百年後の紀元前三世紀中頃、インド亜大陸の統一を果たしたマウリヤ朝第三代のアショーカ王が仏教に帰依したこと、それが、仏教がインド全土に広まった一番の理由であると考えられています。

青年 アショーカ王が仏教を国家宗教と定めて、民衆たちに「仏教を信じなさい」と強制したということですか?

講師 それならば納得できるのですが、じつはアショーカ王は、仏教を国家宗教として定めたわけでもないし、民衆に仏教を強制したわけでもなさそうなのです。生前のアショーカ王の言葉を石柱や岩に刻んだ「アショーカ王碑文」と呼ばれるものがインド各地で発見されていますが、そこには王が仏教徒であったことを示す「自分は仏教の優婆塞《うばそく》(在家信者)

である」という言葉が記されています。しかし同時に、バラモン教やその他の新興宗教も含めて「あらゆる宗教者を庇護《ひご》せよ」という意味のことも書かれていて、「仏教だけを信じなさい」などという言葉はどこにも見つからなかったのです。

そうすると、仏教がインド全土に広まった根拠を、「アショーカ王が帰依した」という事実に求めるだけでは説明がつかないことになりますよね。さらにその後、仏教がインドだけでなく、中国や日本など異なる文化圏へも急速に広がっていったことを考えると、ほかに何か別の理由があったとしか思えません。

青年　そんなに難しく考える必要があるのでしょうか。単純に仏教の教えが民衆にとって魅力的だったというだけの話ではないのですか？

講師　確かに「釈迦の仏教」は合理的かつ論理的で、苦しみから本気で逃れたいと願う人の目には魅力的に映ったでしょう。しかし、「釈迦の仏教」は出家を基本としているため、悟りに至るためにはサンガに入って特別な修行を続けなくてはなりません。出家生活を実践することは、一般の人にとって決して容易なことではありませんから、そのままではハードルが高すぎるのです。

青年　では、先生は仏教が急速にインド全土に拡大していった本当の理由は何だったとお考えなのですか？

講師　もともとの仏教の教えが当時なんらかのきっかけで多様化し、様々な環境で暮らす人の状況や立場に合ったものを選ぶことができる「選択肢の多い宗教」へと変わっていった、そのことが、仏教が一挙に拡大した最大の理由だったのであろうと考えます。

青年　なるほど。もともとは厳しい教えを基本としていた仏教が、次第に取っ付きやすいもの、万人受けするものに変わっていったということですね。

講師　いや、それとは少し違います。あなたの今のお話だと、もとの仏教の教えがどんどん間口の広いものへと変容していったことになってしまいますよね。そうではなく、私が注目したのは「多様性」、つまり選択肢の広がりです。一つの教えが様々に枝分かれしながらも、それぞれが否定し合うことなく、仏教という一つのジャンルの中で並存できたことが、仏教が世界に拡大していった最大の理由だと考えるのです。

アメリカには現在、約三百万人の仏教徒がいますが、欧米における仏教拡大のプロセスを振り返ると、私が今述べたことが理解していただけるでしょう。まずは一九五〇年代後半頃から「禅」がすごい勢いでアメリカに入っていきました。次に「チベット仏教」が広まり、現在は「テーラワーダ仏教（南方仏教国に伝わる、「釈迦の仏教」の一系統である上座部仏教）」がブームとなっています。
そう聞くと多くの人は、仏教に関心を持つ限られた層が禅→チベット仏教→テーラワーダ仏教の順に三派を鞍替《くらが》えしていったのではないかと考えるのですが、そうではなく、三派の仏教がそれぞれ別の人々の心を新たにつかんでいったからこそ、仏教徒の数がどんどん膨れあがっていったのです。

青年　仏教を信仰するようになった欧米人は、それまで信じていたキリスト教を捨てて、仏教に改宗していったのでしょうか？

講師　そこが興味深いところなのですが、必ずしもそれまでの宗教を捨てたというわけではないのです。今までどおりキリスト教の信念を貫きながら、仏教的な生き方を実践している人も欧米には多くいます。つまり、そうしたスタイルすら許してしまう教義の多様性が仏教にはあるということなのです。

青年　現在の仏教が様々な宗派に分かれ、信じる者の立場や状況によって自由に選択できるものになっているというのはわかりますが、先生の今のお話の流れからすると、すでにアショーカ王の時代に多様化の動きが起こっていたということになりますよね？

講師　そうです。もちろん今ほどの多様化は進んでいなかったにしても、アショーカ王の時代にすでに、仏教は多様化の道に踏み出していたと思われるのです。その根拠として挙げられるのが、大乗仏教の発生よりずっと前、アショーカ王の時代に現れたと思われる「部派《ぶは》仏教」という概念の成立です。

部派仏教が仏教の多様性を生んだ

講師　部派仏教とは、お釈迦様の教えの解釈の違いによって、仏教世界が一気に二十ほどのグループ（部派）に分かれていった状況を指します。とは言っても完全に分裂したのではなく、「○○部」「××部」とそれぞれグループ名を名乗りながら、お互いに認め合う分岐社会がアショーカ王の時代にできあがったのです。重要なのは、部派仏教のそれぞれの部派が、自分たちの正統性を主張しながらも、自分たち以外の部派の存在も承認していたという点です。今にたとえるなら、一つの政党にいくつかの派閥が作られた状況をイメージしていただくとわかりやすいかもしれません。

なぜ、もともと一つだったお釈迦様の教えが突然いくつにも分岐したのか、疑問に感じる方もいらっしゃると思いますが、リーダーが亡くなって百年も経てば弟子たちの教義に対する考え方や解釈にずれが生じていくのは当然です。おそらく分裂の動きはずっと以前からあったのでしょうが、それが顕著になったのがアショーカ王の時代だったのです。

青年　教義に対する解釈が違ってくれば、やがてはお互いが敵対し合って分裂していきそうなものですよね。そうはならずにお互いを認め合いながら並存していくというスタイルが生まれたのはなぜなのでしょう？

講師　そこが不思議ですよね。「俺の解釈が正しくて、お前のは間違っている！」とお互いに言い争いを始めたら、普通であれば仲間割れが起こるところです。そうならずに並存できた理由は、結論を先に申し上げると、アショーカ王の時代に「破僧《はそう》の定義変更」が行われたからなのです。

「破僧」とは、仏教の僧団組織であるサンガを分裂させる行為を意味します。本来のお釈迦様の教えに背く解釈を提唱し、自分の解釈に賛同する者を集めて独自の教団を作ろうとする行為がそれです。お釈迦様が生きていた時代は、破僧を企てた者は厳しく罰せられ、謹慎処分となる決まりになっていました。

青年　今のお話を聞くと、部派仏教の僧侶たちは、自分たちこそが釈迦の教えの後継者だと考えていたわけですから、その視点で見れば相手方はみんな、破僧の実行犯ということになってしまうはずですよね？

講師　本来はそうなります。実際、そういった状況が仏教界の一部にあったのだと思います。互いに相手を「お前たちのやっていることは破僧だ」と非難し合い、しかも誰もそれに決着をつけられない状況です。そこで困り果てた仏教界とアショーカ王は、どうやったら僧団が一つにまとまるのかを思案した末に、苦肉の策として「破僧」の定義を変更することにしたのです。

青年　具体的には、どんな定義が新たに作られたのでしょうか？

講師　これはまさに私が研究したことなのですが、「釈迦の教えについて互いに違った考え方や解釈を持っていたとしても、同じ領域内に居住し、〈布薩《ふさつ》〉や〈羯磨《こんま》〉をみんなと一緒に行っているかぎりは破僧ではない」というのが、この時に作られた新しい破僧の定義です。「布薩」とはサンガの中で半月に一度行われる全員参加の反省会で、「羯磨」はそのあとに行われるサンガの事柄を決める重要な会議のことです。つまり、みんなで行う集会や会議に参加しているかぎりは、お互いが違った解釈を主張したとしても、それは破僧ではないというルールに変わったということです。

青年　なるほど。「破僧は悪い行いである」という考え方をなくしたわけではなく、「破僧とは何か」の定義を変更することで分裂を避けたというのですね。それがアショーカ王時代に行われたという文書か何かが残っているのですか？

講師　部派仏教時代の大衆部《だいしゅぶ》（摩訶僧祇部《まかそうぎぶ》）が用いていた『摩訶僧祇律』という古い書物の中に、「サンガ内に、もしお釈迦様とは違う解釈を主張する者が現れて悶着《もんちゃく》が起こったとしても、同じところに共住し、集団儀式をともに行っているかぎりは破僧ではない。別々に儀式を行うようになったら破僧である」といった意味のことがはっきりと記されています。

『摩訶僧祇律』が書かれた年代は明らかではないのですが、アショーカ王碑文と内容的に符合する部分が多いのを見ると、アショーカ王の時代に書かれたものと考えて間違いないでしょう（両者が同じ時代に書かれたと私が考えた根拠については、拙書『ゴータマは、いかにしてブッダとなったのか』（NHK出版新書）収載の「部派仏教から大乗仏教へ」を読んでみてください）。

さらに『摩訶僧祇律』よりずっとあとの五世紀に世親《せしん》（天親《てんしん》、ヴァスバンドゥ、四～五世紀頃）が著した『倶舎論《くしゃろん》』という仏教哲学書には、破僧には二つの定義があることを述べた文章が見られます。

「破僧には二種類ある。一つはお釈迦様の教えに背く教義をとなえることであり、これを破法輪《はぼうりん》（チャクラベーダ）と呼ぶ。もう一つは儀式を一緒に行わないことで、これは破羯《はこん》磨《ま》（カルマベーダ）と呼ぶ」

さらに続けて、次のようなおかしな文章が記されています。

「お釈迦様が生きていた時は、教えに背いて徒党を組み、僧団を分裂させるかたちの破僧は存在していたが、お釈迦様が亡くなったあとは儀式に参加しないかたちでの破僧しか存在しない」

青年　よくわからない文章ですね。私にも理解できるようにもう少し嚙み砕いてご説明いただけますか？

講師　要するに、「お釈迦様が生きている間は、その教えに背く教えをとなえて自分たちの教団を作ることは可能だが、お釈迦様が亡くなったあとはたてつく相手がいないのだから、それは不可能である。だから、お釈迦様がいない現在は、儀式に参加しないかたちでしか破僧はありえない」と、ここでは言っているのです。

青年　しかし、お釈迦様が亡くなったあとでも、その教えを否定することは可能だし、別の考え方を主張すれば、それはお釈迦様にたてついたことになるのではないですか？　亡くなったあとはそれが不可能になるとは、どういうことなのでしょう。私には理解できないのですが……。

講師　理解できなくて当然です。これは破僧の定義を変更したことを正当化するためのへリクツを述べているだけなのです。昔はお釈迦様の教えに背く破法輪というかたちで破僧することも可能だったが、今はもう、破僧と言えば破羯磨しかないのだ、という現実の状況を根拠づけるための苦しい言いわけなのです。でも、この文章を読むと、当時の仏教界にとって、破僧の定義変更がどうしても必要であったことがよくわかります。

話が少々長くなってしまったので、ここで一度要点をまとめておきましょう。もともと、お釈迦様の教えは一つでしたが、アショーカ王の時代に破僧の定義が変更されたことで、「仏教の教えの中にもいろんな解釈があっていい。異なる考え方をもつ相手を否定するのではなく、互いに仲間として認め合おう」という状況が生まれました。これによって部派仏教の時代が到来した——と、ここまではよろしいですね。

部派仏教は、外から見ると仏教という名のもとに一つにまとまっているように見えますが、違った教えが並存しているという意味では、内部分裂している状態です。つまり破僧の定義を変更して、「異なる解釈を認める」と宣言してしまった時点で、最初のタガがはずれて、仏教は一挙に多様化への道を歩みはじめることになったのです。

青年　とんでもないことが、アショーカ王の時代に起こってしまったのですね。

講師　本来一つであったお釈迦様の教えがいくつにも分かれていったことを「よくないこと」と感じる方もいらっしゃるでしょう。しかし、様々な選択肢を含んだバラエティ豊かな宗教になったことで、仏教がより多くの人を救えるようになったと考えれば、逆にプラスととらえることもできるのです。

現在、仏教はキリスト教やイスラーム教と並ぶ世界三大宗教の一つとされていますが、アショーカ王の時代に、もし破僧の定義変更が行われていなければ、仏教がここまで世界に広がることはおそらくなかっただろうと思います。

論理的に正しければ、それは釈迦の教えである

講師　では、いよいよ「大乗仏教はなぜ誕生したのか」という話に入っていきましょう。部派仏教の動きが起こってから何百年か経った紀元前後の時代、つまり今から二千年ほど前ですが、二十ほどの部派に分かれていた仏教世界の中で、次なる大変革が起こります。それが「大乗仏教」です。

大乗仏教のルーツに関してはいくつかの学説があって、十五年ほど前までは大乗仏教は部派仏教とは無関係なところから現れたという説が有力でした。大乗仏教はサンガ組織の内部から生まれたのではなく、在家の一般人が作ったと考えられていたのです。
なぜそう考えたのかと言うと、もともと単一の教えを説いていた仏教の世界から、全く異なる大乗の教えが次々に出て来ることなど到底ありえないと思われたからです。しかし近年では、大乗仏教は部派グループのどこかから生まれたという説が、逆に一般的になりつつあります。

青年 先生ご自身は、大乗仏教はどこから生まれたと考えているのですか?

講師 今申し上げたように、私が見つけた「破僧の定義変更」という現象を土台にして考えれば、仏教世界の内部から、それまでとは全く違った考えが出てくるということも十分可能となります。ですから私としては当然、大乗は部派仏教の内部から生まれたという説を支持しています。大乗仏教の発生については次のようなプロセスが想定されます。

破僧の定義を変更した直後の部派仏教の時代は、教えに対して多少の解釈の違いをとなえることはあっても、全く新奇な教えが出現するというような動きはまだなかったはずです。しかし、長い歴史のどこかで「昔から伝わっているお経には書かれていないけれども、論理的に正しければ、それは釈迦の教えと考えてよいのではないか」と主張する一団が現れます。

これはつまり、「今までにない新しいお経を作って、それを釈迦の教えとして広めてもよい」ということですから、この考えが一度認められてしまうと、もう流れを止めることはできません。それまではなかった新しい考えを、釈迦の教えとして主張する人が次々に出てきて、いつの間にか全く異なる仏教世界（大乗仏教）が誕生することになったのです。

青年　でも、もともとのお経に書かれていないことを勝手に創作するのは、どう考えても禁じ手ですよね。そうした不穏な動きが現れた場合、当時の仏教界からなんらかの批判や阻止する動きがあっていいように思うのですが……。

講師　破僧の定義が変更されて最初のタガがはずれたのは事実ですが、しばらくの期間はある程度、歯止めがきいていたものと思われます。「解釈の多少の違いはあってよいが、根本的な教えに変更を加えるのはまずい」と多くの人が思っていたはずです。

しかし長い歴史を経る中で、いつしか歯止めがきかなくなり、一気に多様化が進みました。その際にやはり決定的要因となったのは、「理にかなってさえいれば、それは釈迦の教えと考えてよい」というアイデアの登場だったと思います。そうした状況に危機感を感じた人ももちろんいたでしょう。でも、一度堰《せき》を切って流れ出した水の勢いは、誰にも止めることはできなかったのです。

大乗仏教より前に作られた「釈迦の仏教」の経典の一つである『涅槃経《ねはんぎょう》』（大乗仏教にも同名のお経がありますが、別のものです。大乗の『涅槃経』については、第六講で解説します）を見ても、そうした流れが実際に起こっていたことがわかります。

この『涅槃経』にはパーリ語（古代インドの言語）のものと、漢文のものが存在していますが、パーリ語のほうには「教えの正統性を確認するためには、お釈迦様の言葉に合っているかどうかを確かめろ」とだけ書かれているのに対して、漢文のほうにはそのほかに、「理屈に合っていれば、それはお釈迦様の教えと考えてよい」とも書かれているのです。そういう考えが次第に受け入れられていった様子がわかりますね。ちなみに、タイやスリランカなど南方諸国へはパーリ語で仏教が伝えられましたから、これらの国々では今もパーリ語の『涅槃経』が読み継がれています。

いずれにせよ、「昔からの経典に書かれていなくとも、理屈に合っていてお釈迦様の教えとしての整合性があるならば、それは正しい仏教の教えだ」と言ってしまったことが大きな分かれ目となったのは間違いないでしょう。その時点で、大乗仏教への扉が一気に開かれたのだと思います。

青年　それにしても大乗仏教を作った人たちは、いったいどういう気持ちでそれまでとは異なる教義を主張したのでしょうか。そこには、お釈迦様の教えに背いてやろうという野心や悪巧《わるだく》みのようなものがあったのでしょうか？

講師　いや、とんでもない。大乗仏教を新たに作った人たちは、お釈迦様の教えを決して意識的にねじ曲げようと考えたわけではないでしょう。大乗仏教の教義は、それまでの「釈迦の仏教」とは似ても似つかぬものもありますが、すべては修行者たちの宗教体験をベースに生み出されたものなのです。

修行する中で「これこそがブッダ（釈迦）の伝えたかったことのはずだ。私は仏教の正しい在り方を体験した」というインスピレーションやひらめきがあったからこそ、信念を持って「お釈迦様の本当の教えはこれである」と主張したのです。

青年　作った本人たちの間では、間違ったものを伝えているという意識はなかったというわけですか。だとすると文句のつけようはありませんね。

ところで、部派仏教から大乗仏教が生まれたとすれば、部派仏教のどのグループが中心となって大乗仏教を作ったのか、見えてこないのでしょうか？

講師　大乗的な教義については、部派グループのどこか一ヵ所から誕生したというわけではなく、いろいろな場所で多発的に生まれた、と私は思っています。様々な場所で様々な人が、それぞれのインスピレーションをもとに新たなお経を作ったとすれば、当然、そう考えざるをえません。

当時はまだ大乗仏教という呼び名もなければ、作った本人たちにも、それまでの仏教とは違ったものを作り出したという意識もなかったはずです。地域ごと、時代ごとに様々な新式の仏教が生み出され、そうした小さな流れが一つになり、やがて振り返ってみれば、それは大乗仏教という大きな潮流になっていた、という状況でしょう。

大乗仏教の最終目標は「ブッダになること」

青年　大乗仏教が誕生した経緯についてはおおよそ理解できましたが、一つ質問があります。なぜ大乗仏教は、在家のままでも悟ることができると考えるようになったのでしょうか？　そこには入口のハードルを下げることで多くの信者を取り込みたいという思いがあったように私には思えるのですが……。

講師　一概にそうとも言えません。先にもお話ししましたが、「釈迦の仏教」における修行生活というものは、無職無収入が基本なので、他者からのお布施として食べ物などを恵んでもらわなければ成り立ちません。出家者が生きていくためには、それを陰で支える安定した社会がどうしても必要となってきます。

大乗仏教が興った時代は、インドを統一したマウリヤ王朝が滅び、混乱期を迎えた頃と重なります。特に北インドのガンダーラ（現在のパキスタン西北部地域の古名）周辺には、ギリシャ系、イラン系など、いろいろな異民族が流入してきて激しい乱世状態に陥っていました。

当然そういう環境では、呑気《のんき》に出家生活を送ることも難しくなってきます。人々は自分の身を守ることに精一杯でサンガや出家者を養う余裕などなくなります。でも、だからといって、出家者たちは悟るための修行を諦《あきら》めきれません。

もしあなたが出家者だったら、その状況を打破するためには何をしようと考えますか？

青年　おそらく、出家せずに在家のままで悟りへと近づける方法はないものかと模索しはじめるでしょうね。……そうか。そうやって考えていくと、大乗仏教は時代の必然として生まれてきたものだと考えることができるわけですね。

講師　なにしろ古い話なので確証となるものは何もありませんが、そういう状況も想定できるということです。もちろんこれは単なる推測なので、ほかにも、大乗仏教が在家に広く門を開いていった理由があった可能性はあります。そのあたりは、これからの仏教研究が取り組むべき課題です。

ともかく、悟りの可能性を出家者だけでなく、在家者に対しても広く開いていきたいという志向性の高まりがあって、それが大乗仏教を生み出す原動力になったことは間違いありません。

そしてもう一つ、大乗仏教の発生を考えるうえで大切なポイントがあります。「釈迦の仏教」では、この世で修行を積んで悟りを開いた者が到達する境地を「阿羅漢《あらかん》」と言います。阿羅漢とは、お釈迦様の教えをすべて学び終えて、悟りを開いた人のことです。悟ったとは言っても、阿羅漢はステージ的にはお釈迦様のようなブッダよりもずっと下位のレベルです。「釈迦の仏教」では誰もが皆、この阿羅漢を目指すのであって、「ブッダになることを目指す」などと言う人はいません。ブッダというのは、お釈迦様のような、特別な資質を持ったある種の天才だけが到達可能な境地なのです。

一方の大乗仏教では、悟りを開いた者の最終到達点は「ブッダになること」です。「成仏《じょうぶつ》」という発想がそれです。成仏と聞くと、多くの人は亡くなったあとにこの世に未練を残さず安らかな場所に行くことをイメージしますが、それは誤ったイメージで、本来は人が悟りを開いてブッダになるという意味の言葉です。「釈迦の仏教」では全く想定されていなかった「誰にでも開かれたブッダへの道」が、大乗仏教では可能になったというわけです。

青年　「ブッダ」とは唯一無二の存在で、お釈迦様のことだけを指す言葉だと私はずっと思っていました。

講師　ああ、あなたがおっしゃっているのがまさに「釈迦の仏教」の考え方です。「釈迦の仏教」では「現世にブッダは一人しかいない」ととらえ、そのブッダが亡くなると何十億年という長いブッダ不在期が続き、そうして別のブッダが現れる、というサイクルが繰り返されると考えました。釈迦が亡くなって五十六億七千万年後に現れると言われている、次のブッダが弥勒《みろく》（マイトレーヤ）です。つまり、お釈迦様は、そういう何十億年に一人しか現れない貴重なブッダの一人だったのです。

しかし、大乗仏教ではこの世界には何人ものブッダが存在していて、努力すれば誰もがその一人になれると考えました。なぜ「自分たちはブッダになりたい」あるいは「ブッダになれる」と考えるようになったのか、その具体的な原因については、まだ解明されていませんが、おそらくは先に述べた「在家でも悟りの修行を積むことができる」という考えとセットになって現れてきたのでしょう。両方を重ね合わせれば、「在家・出家を問わず、誰もがブッダという最高の存在に到達できる」という新たな理想が現れてくるのです。

世界には何人ものブッダがいる？

青年　せっかく悟りを開くのであれば、ブッダを目指したいと思うのも無理はないですね。では大乗仏教は、どうすれば在家のままでもブッダになれる、と説いているのですか？

講師　話が少々ややこしくなるかもしれませんが、順に説明してみましょう。「ブッダになるためには何をすべきか」と考えていくと、まず思い浮かぶのが「お釈迦様はブッダになることができた。それならば、われわれもお釈迦様と同じ道を進めばブッダになれるのではないか。お釈迦様の生涯を見ればその道がわかるはずだ」という思いでしょう。

確かにこの考え方は間違っていません。お釈迦様と同じ人生、同じ行いをトレースしていけば、いずれは自分もブッダになれそうな気がします。しかし、お釈迦様の生涯を記録した、パーリ語の『ニダーナカター』や『涅槃経』などの「仏伝《ぶつでん》」をいくら読んでも、どこにもお釈迦様だけがブッダになることができた特別な修行方法は書かれていないのです。

そこで当時の人々が注目したのは、お釈迦様の「過去」です。冒頭で、仏教は輪廻と業を世界観の基本にしているというお話をしましたが、「お釈迦様の過去世（前世）に何かがあったからこそ、それが遠因となってブッダへの道につながったのではないか」と考えたのです。仏教ではブッダになる前の修行者、ブッダ候補生のことを「菩薩《ぼさつ》」と呼びますが、彼らはお釈迦様の菩薩時代にブッダへの手がかりを探しはじめたわけです。

青年　そうは言っても、お釈迦様が前世でいつ菩薩になったのか。その、お釈迦様が菩薩であった前世の時代に何をしたのかについては、誰にもわかりようがありませんよね？

講師　インドの時間論の考え方では、すべてのものは無限の過去から無限の未来へと永遠に続いていますから、お釈迦様がどこでブッダになるための菩薩行を始めたのか、もちろん誰にもわかりません。でもそう言ってしまうと、お釈迦様と同じ道を簡単にはたどれなくなってしまいます。そこで自分たちもブッダになりたいと願う人たちは、次のように考えました。

お釈迦様も、もともとは私たちと同じ凡夫《ぼんぷ》（普通の人）で、地獄に堕《お》ちたり餓鬼になったりと輪廻を繰り返してきたはずだ。そして昔々のある時、一人のブッダと出会ったのをきっかけに、それまでの単なる平凡な生き物としての輪廻を終わらせて、自分自身がブッダになるための特別な生き方に入ったのではないか、と。

青年　ずいぶん遠大な話になってきましたね。お釈迦様の前に、どうしてわざわざ別のブッダの存在を持ってきたのかが理解できませんが……。

講師　お釈迦様の前に別のブッダがいたことを想定し、「お釈迦様はそのブッダと過去に出会っているはずだ」と考えたのはある意味、理にかなっています。たとえば、プロのサッカー選手を目指している少年がいるとします。彼はなぜサッカー選手になりたいと思ったのでしょうか？

青年　それは、Jリーグやヨーロッパのサッカーリーグで活躍する選手をテレビなどで見て、カッコいいな、素敵だなと思ったからでしょうね。

講師　そうです。私たちが何者かになりたいと願う場合、必ず理想とするモデルがそこには存在しています。何もないところから、いきなり「サッカー選手になりたい」とか「ブッダになりたい」と思う人はいません。ですから大乗仏教が、お釈迦様は過去において、別のブッダと出会い「こういう人に私もなりたい」と思ったのがすべてのスタートだと考えたことは、全く自然なことなのです。

さらに彼らは次のように想像を膨らませました。

おそらく、過去のブッダと出会ったお釈迦様は「あなたのように私もなりたいので努力します」と、そのブッダの前で誓いを立てたはずだ——と。この誓いを「誓願《せいがん》」と言います。そしてその時に、目の前のブッダは「お前は将来、必ずブッダになれるだろう。がんばりなさい」とお釈迦様の未来を保証し激励してくれたはずだと考えて、これを「授記《じゅき》」と呼びました。この「誓願・授記」を転機として、お釈迦様はブッダ候補生である菩薩となり、その後も延々と生まれ変わり死に変わりを繰り返しながら修行を続けることになった、というのが大乗仏教のベースとなる考え方です。

青年　すごい想像力ですね。では、お釈迦様に授記したとされる初代ブッダは、どんな書物に出てくるのですか？

講師　大乗仏教が興る前からあった『燃灯仏《ねんとうぶつ》授記』という物語の中に、「燃灯仏（ディーパンカラ）」という仏様が登場します。大昔、お釈迦様がまだ凡夫だった時、その燃灯仏が現れて「あなたは未来において悟りを開いてブッダになるであろう」と予言したと書かれているので、おそらく「誓願・授記」の考え方はこの話がベースになっていると思われます。

さらにこのアイデアは膨らんで、お釈迦様は過去世において何人ものブッダに出会い、何度も励まされたに違いないと考えられるようになりました。輪廻で出会うブッダは一人とは限らない。お釈迦様はブッダと初めて出会って、誓いを立てたあと、生まれ変わり死に変わりを繰り返して行く中でまた別のブッダと出会い、再び励まされ、そうして何人ものブッダと出会って、パワーをもらいながら最終的には自分がブッダになったのだというわけです。

青年 たしか「釈迦の仏教」では、ブッダは何十億年に一度しか姿を現さないことになっていましたよね。そんなに簡単に、何度もブッダと出会えるとはとても思えないのですが……。

講師 おっしゃるとおりです。「釈迦の仏教」の考え方からすれば、生まれ変わり死に変わりの中でブッダと出会えるチャンスなどはほとんどないことになってしまいます。

お釈迦様の場合は想像を絶する長い時間をかけてブッダとの出会いを実現できたのですが、もし私たちもお釈迦様の道を追体験するとなると、それだけの膨大な労力が必要となる。それではあまりにもきつい。ほかに道はないのか。愚かな私たちにも可能な、より効率的な成仏の道はないのか――。この問題提起こそが、様々な大乗仏教を生み出す源泉となったのです。

会えないブッダに会うための方法を考える

青年　大乗仏教の世界観のようなものはよくわかりましたが、なんだか主題が少しずれてきている気がします。私は「どうすれば、在家のままで私たちはブッダになれるのか」についてお聞きしたつもりなのですが……。

講師　はい、わかっています。ここからがいよいよ本題です。先ほど私は、お釈迦様は過去世のブッダと出会って誓いを立てたあとに、菩薩としての輪廻を繰り返すことになったと言いましたが、輪廻して生まれ変わる先は必ずしも人間とは限りませんよね。天界で神として生まれることもあれば、畜生道に堕ちて動物に生まれ変わることだってあるわけです。

しかし、たとえウサギに生まれ変わったとしても、前世でブッダと誓いを立てたのならば、それは菩薩としてウサギになったことになります。ウサギは出家するわけにはいかないので、その場合はウサギとしての正しい生活を送ることがブッダになるための菩薩行となります。そう考えていくと、大乗仏教が、なぜ出家しなくてもブッダになれると考えたのかが、おのずとわかってくるのではないでしょうか。

青年　すでに自分が菩薩だと考えれば、自分が動物に生まれ変わろうが人間に生まれ変わろうが、正しい生活を心がけていさえすれば、それがすべて修行になる、というわけですね。でもお釈迦様が出家してブッダになったのを見ると、やはり出家は最終的には必要だったということではないでしょうか？

講師　確かにお釈迦様は出家というかたちをとって悟りを開きましたが、それは最後の仕上げにすぎません。延々と続いてきた時間の中では、それはほんの氷山の一角の出来事であって、その下には巨大な過去が存在しています。お釈迦様も様々な生き物の姿をとりながら、正しく生きることで修行を積んできた時代があったからこそ悟りを開くことができた、と考えれば、たとえ出家しなくても私たちはお釈迦様と同じ道を歩いているということになるのです。

青年　うーん、「正しく生きることが修行になる」と言われても、まだ私は納得がいきません。大乗仏教ではもっと具体的に、在家信者はどう生きなさい、ということを示してはくれないのですか？

講師　前にも少しお話ししましたが、善行を積むことがブッダになるための修行だと大乗仏教では考えました。もっとわかりやすく言うなら、「利他の気持ちを持って行動しなさい」ということです。

もちろん、「釈迦の仏教」にも「利他」の概念は存在しますが、そこでは「自利をベースにした利他」を基本構造としています。自分が率先して厳しい修行に励む姿を見せることで、苦しみを抱えながら暮らしている人たちに「そうか、こういう救いの道もあるのか」と〝気づき〟を与えることが「釈迦の仏教」における利他です。言ってみれば、よき手本となってみんなを導くというかたちでの利他なのです。これに対して大乗仏教の利他はもっと直接的で「自分を犠牲にして誰かを救うこと」が基本となります。

両者の違いは、動物の行動にたとえるとわかりやすいでしょう。親鳥は子どもの前でエサをとり、それを見たヒナ鳥はやがて親に倣《なら》って自分でエサをとるようになります。つまりエサをとる姿を子どもに見せることが、結局は子どもを助けることにつながっています。これが「釈迦の仏教」の考える利他です。

一方の大乗仏教の利他とは、たとえば、法隆寺の玉虫厨子《たまむしのずし》に描かれた「捨身飼虎図《しやしんしこず》」がその典型的な例です。飢えたトラを助けるために「私を食べて生き延びなさい」とトラの前に自らの身を差し出す、そういった行為を意味します。

青年　「利他」と聞くと、一般的には大乗仏教の考え方を指すように感じてしまいますね。

講師　それは、日本の仏教が大乗だからです。そのため、「釈迦の仏教」の「自利をベースにした利他」をなかなか思いつきません。大乗仏教の「自己犠牲」の利他は、他人の救済にまず目を向けるため、こちらのほうが素晴らしいと感じるかもしれませんが、本源までさかのぼれば、それは自分が成仏するという自利のための利他なので、「利他→自利」という構造になっているのです。

こうして「日常の中で行う善行がブッダになるための大切な修行になる」とした大乗仏教ですが、やがて〝究極の善行〟を見つけるようになります。

青年　それはどういうものでしょうか？

講師　「ブッダと出会い、それを崇《あが》めること、供養することがブッダになるための近道である」と考えるようになっていったのです。

青年　えっ？　それはどういうことですか？

講師　「日常の善行が成仏のエネルギーになる」というのですから、本来ならばそれは周囲の生き物を利他の気持ちで助けていくことであるはずです。しかし、「日常の善行」をもっと別の行為に置き換えることも可能です。

たとえば、私たちが墓参りで手を合わせることを「善行だ」と考えるのと同じで、ブッダを崇め、供養することを善行とする考えが現れるようになり、その結果、「われわれはブッダ供養によって「ブッダになれる」という思いが定着したのです。

青年　ブッダと出会って、それを崇めることがブッダになる近道と言われても、この世界のどこにいけばブッダと会えるというのでしょうか?

講師　ポイントはそこですよ。大乗仏教の教えで最大のネックとなるのが、「実際にはブッダと会えないこと」なのです。そのために大乗仏教では、会えないブッダにどうすれば会えるのか、実際には会えないブッダと会ったことをどうやって人々に納得させていくのか、様々なアイデアを練っていくことになります。それが大乗仏教の面白さであり、真骨頂なのです。

現在の日本には『般若経《はんにやきよう》』『法華経《ほけきよう》』『阿弥陀経《あみだきよう》』『華厳経《けごんきよう》』『涅槃経』などの様々な大乗仏教系の経典が伝わっていますが、時代を追うごとに次から次へと異なるお経が作られていった理由も、じつはそこにあるのです。それぞれの経典の特徴や違いについては、次回の講義から詳しく解説していきます。

第二講

般若経——世界は「空」である

大乗仏教の最初の経典

講師　ここからは、『般若経』や『法華経』『華厳経』などの大乗経典がどうやって生まれたのか、そして、そこにはどんな教えが説かれているのかについて、順に解説していきましょう。

大乗経典とひと口に言っても、お経ごとに教えの内容はかなり異なっています。「在家のままでブッダへの道を歩むことが可能と考える」という部分は共通しているものの、それぞれのお経によって、ブッダになるための方法やプロセスに違いが見られます。

まず今回は、数ある大乗経典の中で、おそらく最古のものと思われる『般若経』についてお話ししていきます。『般若経』という言葉には馴染みがなくても『般若心経《はんにゃしんぎょう》』なら、ご存知ですね。

青年　はい。何年か前に、鎌倉のお寺で『般若心経』の写経を体験したことがあります。お恥ずかしいことにきれいに書き写すことだけに集中していたため、内容についてはほとんど覚えていないのですが……。あの時の『般若心経』と、今からお話しいただく『般若経』は同じものと考えてよいのでしょうか？

講師　『般若心経』も数ある般若経典の系統に分類されるお経の一つで、『般若経』の教えのエッセンスをコンパクトにまとめたものと言えます。『般若経』と呼ばれるお経はたいへん種類が多く、完全なかたちで現存しているものだけでも、サンスクリット語（梵語《ぼんご》。古代インドの言語）のもので十種以上、チベット語訳のもので十二種以上、漢訳のもので四十二種以上あります。断片だけ残っているものを含めると、数えきれないほどの種類のお経がこれまでに見つかっています。

参考のために、成立年代順におおまかに分類しておきましょう。最初に作られたのが、教義の基本となる経典で、これらは「小品系《しょうぼんけい》般若経」と呼ばれています。その後、それを膨らませたものとして「大品系《だいぼんけい》般若経」が登場し、やがて初期の『般若経』の中では最も長大とされる『十万頌《じゅうまんじゅ》般若経』が作られます。

次に『金剛《こんごう》般若経』や『般若心経』が登場しますが、この時代になると「大品系」とは逆に、どんどん内容をそぎ落とす方向へと向かっていきます。その後に密教系の要素を含んだ『般若理趣《りしゅ》経』が出て、さらにそれまでの般若経典の集大成というべき『大般若経』が登場します。どのお経も、長さの違いや、若干の内容の違いはあるものの、基本となる教義はほぼ共通していると思っておいてよいでしょう。

青年　大乗経典の中では『般若経』が最も古いとおっしゃいましたが、その中でも一番古いお経は、いつごろ作られたのでしょうか?

講師　現時点では『八千頌般若経《はっせんじゅ》』と呼ばれる古代インド語で書かれたお経が、最古の『般若経』と言われています。紀元後四七〜一四七年頃に書かれたものがガンダーラ地方で発見されているので、少なくともそれより前から存在したと考えると、『般若経』が誕生したのは、おそらく紀元前後と考えていいでしょう。以後数百年にわたり、様々な『般若経』が編纂《へんさん》されてアジアを中心に広まっていき、日本に入ってきたのは六、七世紀頃、聖徳太子《しょうとくたいし》の時代と言われています。

青年　ちなみに、私が写経を体験したのは禅宗のお寺だったように記憶しているのですが、『般若経』を信仰する宗派というのは限定されているのでしょうか?

講師　『般若経』は、大乗仏教系の様々な宗派で広くとなえられていますが、禅宗（曹洞宗《そうとうしゅう》、臨済宗《りんざいしゅう》、黄檗宗《おうばくしゅう》など）と密教系の宗派（天台宗《てんだいしゅう》、真言宗《しんごんしゅう》など）が、特に『般若経』を大切に扱っています。逆に浄土真宗ではとなえません。また、日蓮宗《にちれんしゅう》・法華宗《ほっけしゅう》も『法華経』だけを基本の教義としているので、『般若経』をとなえることはほとんどないようです。

私たちは前世ですでにブッダと出会っている

講師　歴史的な話はこれくらいにして、では『般若経』にはどんなことが書かれているのか、教えの内容についてお話ししていきましょう。

まず、『般若経』の大きな特徴は、「すべての人は過去においてすでにブッダと会っていて、誓いを立てている」と考える点にあります。前回も触れましたが、大乗仏教では自分がブッダになろうと思ったら、まずはとにかくブッダに会って「私もあなたのようなブッダになるように努力します」という誓いを立てなくてはなりません。そしてそのブッダが「お前も将来、きっとブッダになるであろう」と太鼓判を押してくれてはじめて、正式なブッダ候補生となり、修行の道に進むことが可能となります。

このようなブッダ候補生のことを「菩薩」と呼びますが、『般若経』では「私たちはすでにブッダと出会って誓いを立てているのだから、菩薩である」と考えるのです。

青年　そう言われても、すぐには納得できませんね。残念ながら私には本物のブッダと過去に会ったという記憶はないですし……。

講師　前世の記憶を持つ人などいるはずはないので、疑いを抱くのも当然です。しかし、そうした疑問に対する回答も、ちゃんと『般若経』には用意されています。『般若経』では、

「ブッダと過去に出会ったことにあなたが気づかないのは、単に忘れてしまっているからだ」と考えるのです。

しかし、そう言われてもまだ納得できませんよね。「もし、過去にブッダと出会っていたとしても、それを証明する術《すべ》はないじゃないか」と反論する人もいらっしゃるでしょう。そんな人に対して『般若経』は、こんなふうに尋ねます。

「このお経（『般若経』）を読んでみた時に、あなたはどう感じましたか？　心が震えて有り難いという気持ちになりませんでしたか？　もし心が震えたなら、それが過去にブッダと出会って誓いを立てたという証拠です。もし何も感じないのなら、あなたはブッダと出会っていないことになります」と。

そう言われて「いや、私は何も感じませんでした」と堂々と答えられる人はなかなかいません。多くの人が「言われてみれば、有り難いお経に聞こえるし、声に出して読み上げていると、心が落ち着くような気がする」と思ったのではないでしょうか。

青年　そう言えば、私もお寺で写経を体験した時、なんだか心がすーっと落ち着く感覚を覚えました。ということは、私も前世においてすでにブッダと出会っているということになるのでしょうか？

講師　『般若経』の教えで言えば、そういうことになりますね。あなたはすでに立派な菩薩です。でも、これは本来の「釈迦の仏教」とは異なる考え方です。ブッダと本当に過去に出会ったかどうかは別としても、前回お話ししたように「釈迦の仏教」においてブッダを目指すということは絶対にありえません。私たちが悟ったとしても、この世で到達できるのは、ブッダよりも下位の阿羅漢どまりだったはずです。

さらにもう一つ、『般若経』にはそれまでの仏教にはなかった新しい考え方が示されています。それが、前回の講義でも触れた「すでに私たちは菩薩としてこの世に存在しているのだから、日常生活の中で善い行いを積み重ねていけば、それが悟りへのエネルギーとなり、やがてはブッダになることができる」という考え方です。

「釈迦の仏教」では、出家修行の中で煩悩を断ち切ることこそが、悟りに至るための唯一の方法と考えられていました。それが『般若経』では「日常の生活で善行を積み重ねていけば、悟りに近づくことができる」と変わってしまったのです。これは明らかにお釈迦様の考え方とは異なります。本来は善行を積んだところでブッダになれるはずはないのです。

青年　つまり、『般若経』は、悟るための方法を、「厳しい出家修行」から「日常の善行」へと変えてしまったというわけですね。本来の「釈迦の仏教」と違っているのはわかりますが、善い行いを積み重ねることで悟りに近づけるというのは、私にはなんとなく理解できる気がします。善いことをすれば成仏して極楽浄土に行けると考えるなら、善行がブッダになるためのエネルギーに使えると言っても、あながち間違いではないように思えるのですが……。

講師 じつは、その「極楽浄土」という概念も大乗仏教の時代に新しく作られたものです。浄土については、第四講で詳しく解説するとして、悟りを開いてブッダになるとは、どういうことなのかを改めて振り返ってみると、なぜ善行が悟りを開くための修行にはならないのかがわかります。それを説明しましょう。

善行で輪廻は止められるのか？

講師 「釈迦の仏教」で悟りを開くということは、二度と生まれ変わることのない涅槃にたどりつくことを意味していましたよね。二度と生まれ変わらないということは、つまり輪廻を止めるということです。そして輪廻を止めるためには、瞑想修行に励んで煩悩を断ち切ることがどうしても必要となります。しかし世俗の世界で善い行いを積むということと、修行によって煩悩を断ち切るということは、全く別個の行為ですから、日常の善行は、悟りを開くための役には立たないということになります。

青年 それでは先生は、日常の善い行いは、私たちにとって全く意味がないと考えているのですか?

講師 いいえ、善行に意味があるかないかを言っているのではありません。輪廻を止めることが修行の目的なのですが、善行をいくら積み重ねても、輪廻は止められないし、悟りも開けないと言っているのです。

もちろん一般的な視点で見れば、善行が善い行いであることは言うまでもありません。なぜ善行が輪廻を止めることにつながらないのか、きちんと理解してもらうにはもう少し説明が必要なようですね。前講の復習になりますが、お釈迦様は「輪廻と業」というものを世界観の前提とした、という話は覚えていらっしゃいますね?

青年 たとえば悪い行いをした人は、それが業となって、畜生や地獄に生まれ変わるというのが、輪廻の考え方でしたよね?

講師 そうです。「釈迦の仏教」では、この世は、「天・人・畜生・餓鬼・地獄」の五道(のちに「阿修羅」を加えて六道)からなり、私たちはその間で生まれ変わり死に変わりを延々と繰り返すことになっています。もし、あなたが一生懸命に善行を積めば、その善行の力で来世は苦しみのない世界である「天」に生まれ変わるかもしれません。
しかし、ここが肝心なのですが、その天も輪廻の一領域にすぎず、たとえ天に生まれ変わったとしても、神としての寿命を終えると、再び五（六）道のいずれかに生まれ変わることになるのです。

青年 えっ、そうなんですか？ 私は善行を積んで天に生まれ変わった人は、二度と生まれ変わることなく、ずっとそこに居られるものだと思っていました。「天」と、お釈迦様の言う「涅槃」は、同じものではないのですか？

講師 「天」と「涅槃」を混同されている方が多いようですが、二つは全く別のものです。つまり、善い行いをどれだけ積んだところで、今よりも多少よい世界に一時的に生まれるだけで、たとえ五（六）道で最上界と言われる天に生まれ変わったとしても、それは輪廻を断ち切ることにはならないのです。

青年 それは理解できるとしても、今のお話で一つ疑問に感じたことがあります。「業」があるから輪廻を繰り返すというお釈迦様の論理からすると、「善い行いも業である」ということになってしまいますよね。私は業というのは悪い意味の言葉ととらえていたのですが……。

講師　いいえ、業には善い業も悪い業もあって、どちらにしろ、私たちを次の生まれ変わりへと引っぱっていく、輪廻の原動力になるのです。悪い業の結果は「苦」で、善い業の結果は「楽」です。これがややこしいところなのですが、私たちは善いことをする時に「他者のためになることをやりたい」「私はこんな素晴らしいことをした」と、自分で意識しながら、それを行うことになりますよね。意識して行動した時点で、それは業につながってしまうのです。

青年　確かに人は何か善いことを行うと考えた時には、自分では意識していないつもりでも、心のどこかで「誰かに褒められたい」とか「ボランティア活動を続けている自分ってカッコいい」といった自己愛や承認欲求を抱きがちですよね。

講師　自我意識という鎧《よろい》を捨てた姿での善行ならば業にはつながらないのですが、そうした無の境地で善行を行うのは、容易ではありません。どうしても何かをしようとすると、「やってあげている」とか「褒めて欲しい」といった意識がそこには芽生えてしまいます。「これこれのことを私はするぞ」と強い意欲を持って善行や悪行を行った時に生み出されるパワー、それがすなわち業なのです。

だからお釈迦様は、じつは「輪廻を断ち切り涅槃を目指すには、この世では善いことも悪いこともしてはならない」と言うのです。業を作るような、自意識に根ざした行動をするな、ということです。善いことも悪いこともせずに、ひたすら瞑想修行に励んで業のパワーを消して輪廻を止めること。それこそが「釈迦の仏教」の本質というわけです。

この観点から言えば『般若経』の考えは矛盾しています。「過去でブッダと出会い、誓願を立てて菩薩となり、そのあとの長い生まれ変わり死に変わりの中、ひたすら日常的な善行を積むことによって、自分自身がブッダとなり最後には涅槃に入る」と言うのですから、本来の業の定則が壊れているのです。

ここまでのお話で、『般若経』の教えと釈迦の教えが全く別のものであることはおおよそわかっていただけたでしょうか？『般若経』の特徴は、「本来は輪廻を繰り返すことにしか役立たないはずの業のエネルギーを、悟りを開いてブッダになり、涅槃を実現するために転用することができる」と、とらえ直した点にあります。そこだけはしっかり頭に入れておいてください。

お釈迦様が説いた「空」

講師　では、話を先に進めましょう。今お話しした「業のエネルギーを輪廻とは別の方向に向けること」を、大乗仏教では「回向《えこう》（廻向）」と呼びます。今日では回向と言えば、僧侶を招いて読経《どきょう》念仏などの法事を行い、故人の冥福を祈る意味で用いますが、実際の意味は「自分の善行の結果である功徳《くどく》を自分や他者の成仏に回すこと」なのです。本来ならば不可能なはずの「回向」を、『般若経』がどんな論理を使って可能と考えたのかを、以下で説明しましょう。

私がよく「回向」を説明する時のたとえ話として使うのが、コンビニエンスストアのポイントカードです。ポイントのシステムをよく知らない人は、コンビニの買い物で貯まったポイントを再びコンビニで使おうとしますよね。お弁当を買った時のポイントで、またお弁当を買うわけです。しかし、実際にはポイントは別のことにも使えます。たくさん貯めれば、旅行商品に交換してハワイにだって行けてしまうのです。

青年　最近は、ポイントカードの提携がどんどん進み、コンビニだけでなくファミリーレストランやガソリンスタンドでも同じカードにポイントが貯まるし、様々な買い物にポイントが利用できるようになっていますよね。びっくりするほど便利になってきています。

講師　でも情報に疎《うと》い人の中には、コンビニで貯めたポイントはコンビニでしか使えないと思い込んでいる人もいらっしゃるでしょう。知らないと損をしてしまうのが今の社会なのです。

そこで話を「回向」に戻すと、『般若経』もこれと同じ論理を使って、回向の実現可能性を主張したのです。『般若経』ではこんなふうに考えました。

「釈迦の仏教」すなわち、『阿含経』（ニカーヤ）と呼ばれる古い時代のお経が、業のエネルギーには輪廻を助長する働きしかないと考えていたのは、縁起と呼ばれる因果則の裏側に隠されたもっと崇高《すうこう》なシステムに気づかなかったためで、じつはその因果則の裏には、善行によって得たエネルギーをブッダになるための力に振り向けることができる、より上位のシステムが隠されていたのだ——と。

その、因果則の裏側に隠されたシステムのことを、『般若経』では「空《くう》」と呼びます。「空」の論理を学び、それを理解した人だけが、日常的な善行のエネルギーをすべて悟りのほうに向けることが可能になると、『般若経』では考えたのです。

青年　つまり、「釈迦の仏教」では業のエネルギーの使い道がほかにもあることに気づかなかっただけで、ちゃんとポイントカードの利用マニュアルを読んだ人は、「釈迦の仏教」では到底実現できなかったすごい恩恵がもらえる、という話ですか。そのマニュアルのようなものが「空」と思ってよいのでしょうか？

講師　大筋はそういうことになります。「空」という語は「釈迦の仏教」にもあったのですが、『般若経』は、その同じ「空」という語を全く違う概念、われわれがブッダになるための崇高なシステムという概念に置き換えることで、全く新しい仏教を生み出しました。ですから、『般若経』の「空」は、「釈迦の仏教」が言う「空」とは別のものなのです。二つのどこが違っているのか、まずは「釈迦の仏教」の「空」から説明してみましょう。

「空」は釈迦の時代にはさほど重視されていなかった概念ですが、最古のお経と言われる『スッタニパータ』には、以下のような文脈の中で「空」という言葉が使われています。

「〈ここに自分というものがある〉という想いを取り除き、この世のものは空であると見よ」

青年　哲学的で難解な文章ですね。この世のものを「空」、つまり実在しないものと考えなさいとは、いったいどういうことを意味しているのですか？

講師　「釈迦の仏教」の「空」を理解するには、お釈迦様の世界のとらえ方を知っておく必要があります。少々話が長くなりますが、すべての基本となる考え方なのでじっくり聞いてください。

「釈迦の仏教」では、この世界をいくつかの方法で分類しました。その中の一つが「五《ご》蘊《うん》」です。これは「われわれ人間はどのようなものからできていて、どのような在り方をしているのか」を分析し、五つの要素に分けたものです。その要素を「色《しき》」「受《じゅ》」「想《そう》」「行《ぎょう》」「識《しき》」と言います。それぞれ簡単に説明しておくと「色」とは、われわれを構成している外側の要素、つまり肉体のことを指します。本来は外界にある木や石などすべてのものを意味しますが、とりあえずここでは肉体としておきます。

残りの四つは内面、つまり心の世界に関係する要素です。「受」は、外界からの刺激を感じる感受の働き、「想」は、いろんなことを考える構想の働き、「行」は何かを行おうとする意思の働き、「識」はあらゆる心的作用のベースとなる認識の働きのことです。

このほか「十二処《じゅうにしょ》」（眼《げん》・耳《に》・鼻《び》・舌《ぜつ》・身《しん》・意《い》の六根《ろっこん》と、その対象となる色《しき》・声《しょう》・香《こう》・味《み》・触《そく》・法《ほう》の六境《ろっきょう》）、「十八界《じゅうはっかい》」（十二処に、眼識《げんしき》・耳識《にしき》・鼻識《びしき》・舌識《ぜっしき》・身識《しんしき》・意識《いしき》の六識《ろくしき》を加えたもの）などの様々な分類方法もあります。そして、こうした存在要素が複雑に関係し合いながら寄り集まり、定められた因果則によって刻々と転変することで、この世界が形作られていると結論づけたのです。

青年　それと先ほどおっしゃった「空」の概念と、どう関係してくるのですか？

講師　まあ、そう焦らずに。「空」についての解説に入る前に、この分類に基づいてお釈迦様は、どんなふうに世界全体を認識していたのかを説明しておかねばなりません。

図3　「五蘊」「十二処」「十八界」

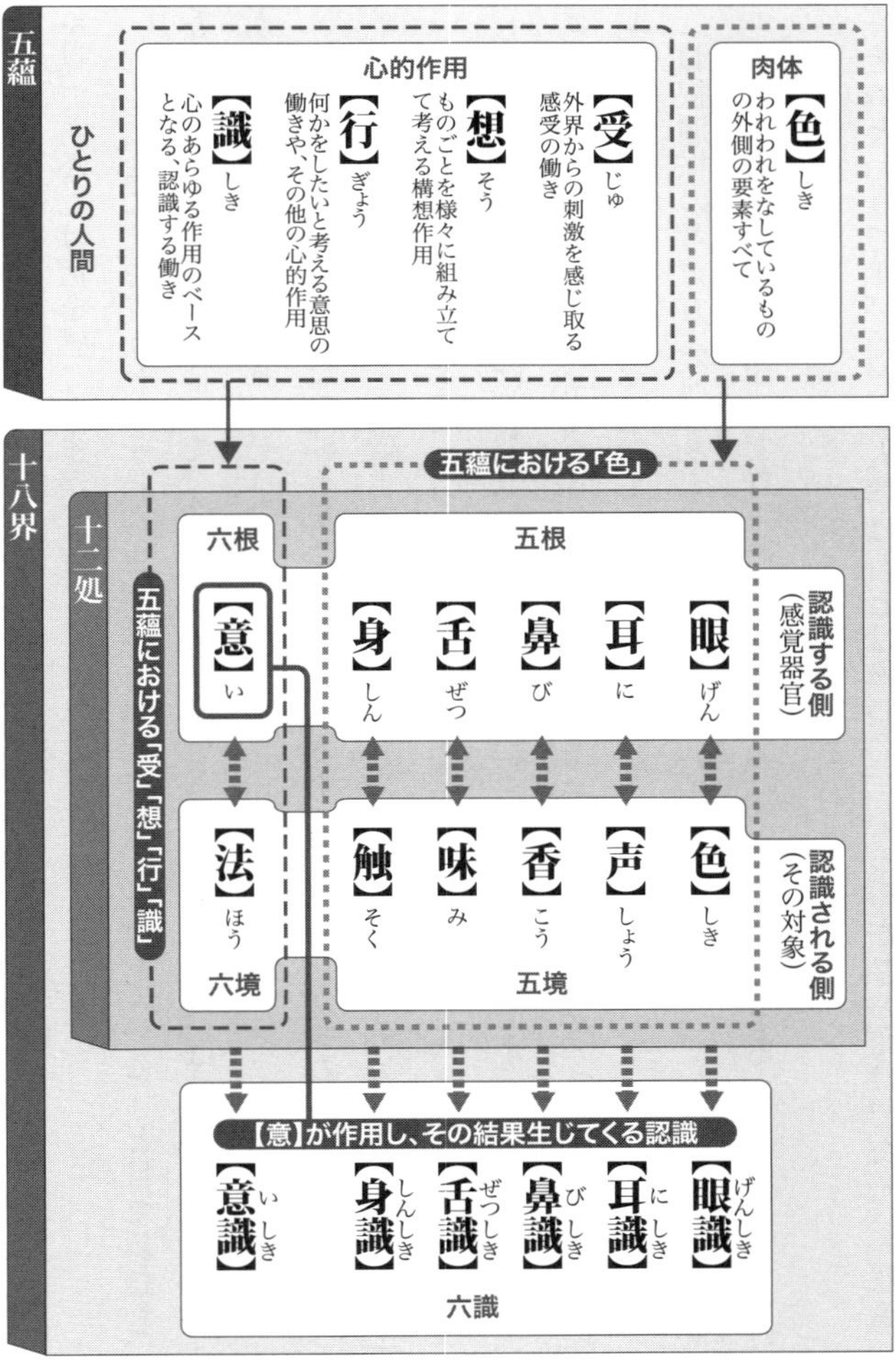
五蘊
ひとりの人間
心的作用
【受】じゅ
外界からの刺激を感じ取る感受の働き
【想】そう
ものごとを様々に組み立てて考える構想作用
【行】ぎょう
何かをしたいと考える意思の働きや、その他の心的作用
【識】しき
心のあらゆる作用のベースとなる、認識する働き
肉体
【色】しき
われわれをなしているものの外側の要素すべて
十八界
十二処
五蘊における「色」
五蘊における「受」「想」「行」「識」
六根
五根
認識する側（感覚器官）
【意】い
【身】しん
【舌】ぜつ
【鼻】び
【耳】に
【眼】げん
認識される側（その対象）
【法】ほう
【触】そく
【味】み
【香】こう
【声】しょう
【色】しき
六境
五境
【意】が作用し、その結果生じてくる認識
【意識】いしき
【身識】しんしき
【舌識】ぜつしき
【鼻識】びしき
【耳識】にしき
【眼識】げんしき
六識

ここで一つ質問です。道端に様々ないろやかたちの「石ころ」が落ちていたとします。それを見てあなたは何を感じますか?

青年　おかしなことを聞かれますね。まずは「石がたくさん落ちている」と目で認識し、気になったものをいくつか拾って、触ったり眺めたりしながら「石には様々ないろやかたちがあるんだな……」と思うでしょうね。

講師　そうですよね。普通ならばあなたのように、まず「石」というものが実在していて、いろやかたちはその属性だと認識するはずです。しかし、お釈迦様はそうではなく、実在しているのは目や手がとらえた「いろ」「かたち」「手触り」のほうで、「石」というのはそうした要素を心で組み上げた架空の集合体にすぎないと考えたのです。

さらに、もう一つ質問させてください。石ころを「私」に置き換えて、「私とは何か」を説明するとどうなるでしょうか?

青年　お釈迦様の考え方に従うとすれば、「私」というものも、いろやかたち、温度、重さなど、様々な要素の寄せ集めで作られた架空の存在で、ここに「ある」ように見えるけれど、実際には存在しない虚像ということになりますよね。

講師　そのとおりです。ただ、人間は石とは違って、いろやかたちだけでなく、「認識」

や「思考」や「記憶」、あるいは執着や怒りなどの「感情」や「感性」などの様々な心的作用も集合体の要素になっています。そのような「肉体」と「心の働き」が、目や耳といった感覚器官によって連結され絶えず変化しながら、かりそめのまとまりをなしている、それこそが「私」だとお釈迦様はとらえたのです。それを知ると、お釈迦様が「この世のものは空であると見よ」と言った意味が理解できるはずです。

世界の構成要素すらも実在しない

青年　お釈迦様の「空」とは、私たちが「そこに存在する」と信じていたものは、「私」を含めてじつは実体はなく、確実に実在するのは構成要素だけである、ということを言っているわけですね。なんとなく理解できました。では、お釈迦様の「空」と、『般若経』の「空」とでは、どこが違うのでしょうか？

講師　「石」や「私」は、人間が「ある」と思い込んでいるだけで、実体は「ない」（諸法無我）と考えたところまでは「釈迦の仏教」も『般若経』も同じです。しかし『般若経』では、お釈迦様が実在すると考えた「五蘊」などの、世界を構成している基本要素すらも「実在しない」ととらえたのです。

図4　釈迦の教え（四つの柱）

一切皆苦
すべてのものはみな思いどおりにならない。この世で生きることは本質的に苦だ。

諸行無常
すべてのものはつねに変化してゆく。生じては滅びるのが、ものごとのさだめである。

諸法無我
すべてのものにおいて、「私」とか「私のもの」という実体は存在しない。すべてのものは、その関係性において存在している。

涅槃寂静
仏教における絶対平安の境地。時間の流れを超えた真の安らぎ。

また、お釈迦様はこの世の本質を「諸行無常」、つまり「すべてのものはうつりゆく」と見抜いていましたが、『般若経』では「すべての基本的存在要素には、そもそも実体がないのだから、それが生まれたり消えたり、汚れたり、きれいになったり、増えたり、減ったりしている（ように見える）のもすべて錯覚である」と考えて、「諸行無常」さえも否定しました。

青年　すごい話になってきましたね。私たちが今、感じているいろやかたち、音、匂いなどの要素すらも、すべて実在しないとなると、この世はすべて「まぼろし」ということになってしまいますね。そう考えると、ここにいる先生や私はおろか、過去や現在や未来まで、何もかも説明がつかなくなってしまうのではないでしょうか？

講師　おっしゃるとおりです。この世を構成している基本要素が実在せず、ただの虚構だということになると、要素と要素の間を結んでいた因果則も存在しないことになります。そうなると「釈迦の仏教」の根本にある、行為と結果の関係、つまり「業の因果則」すらも存在しないということになってしまうのです。

しかし、そのままではこの世のありようが説明できません。そこで『般若経』では、「この世はそうした理屈を超えた、もっと別の超越的な法則によって動いている」と、とらえました。この人智を超えた神秘の力、超越的な法則こそが、『般若経』でいう「空」なのです。

青年　ずいぶんオカルト的な話になってきましたね。人智を超えた不思議な力を持ち出されては、もはや根拠や意味を問うことさえ無駄になってしまうではないですか。それにしても、『般若経』はなぜそうまでして、新たな「空」の概念を生み出す必要があったのでしょうか？

講師　それは、それまで信じられていた因果則を変更せざるをえなかったからです。お釈迦様の定めた「業の因果則」を基本にしているかぎり、悟りを開くためには特別な修行が必要となります。業の力を断ち切るための修行です。繰り返しになりますが、輪廻を生み出しているのは業です。業を消すためには、出家して煩悩を断ち切る厳しい修行が必須です。

しかし、因果則の転換を行い、日常の善行を悟りへのエネルギーに使うことができると考えれば、ハードルはぐっと下がります。出家して特別な修行をせずとも、在家のままでブッダへの道を進むことが可能となるのです。そこへ向かうには、「釈迦の仏教」が構築した世界観を一度無化し、「空」という概念を作り変えるしか方法はなかったというわけです。

となえなさい、書きなさい、広めなさい

青年 なるほど。仏教がより多くの人に実践可能な宗教になるためにはどうすればよいか……と、アイデアを絞り出した末にたどり着いたのが、「空」の概念だったということですね。ところで、先ほど「空」の論理を理解した人だけが、日常的な善行のエネルギーをすべて悟りのほうに向けることができると先生はおっしゃいましたが、「空」の論理を理解するために、私たちは何をすればよいのでしょうか？

講師 『般若経』では、布施《ふせ》・持戒《じかい》・忍辱《にんにく》・精進《しょうじん》・禅定《ぜんじょう》・智慧《ちえ》という六つの行為を「六《ろく》

図5　六波羅蜜

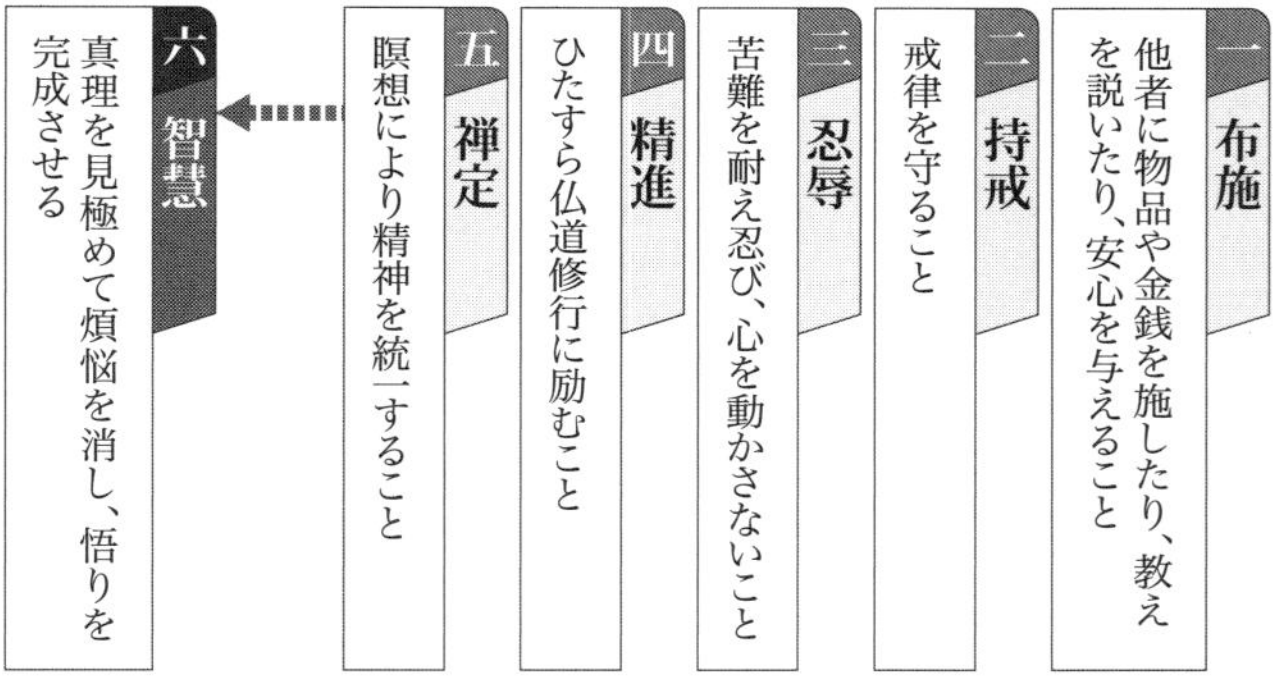

一 **布施**	他者に物品や金銭を施したり、教えを説いたり、安心を与えること
二 **持戒**	戒律を守ること
三 **忍辱**	苦難を耐え忍び、心を動かさないこと
四 **精進**	ひたすら仏道修行に励むこと
五 **禅定**	瞑想により精神を統一すること
六 **智慧**	真理を見極めて煩悩を消し、悟りを完成させる

波羅蜜《はらみつ》」と呼び、回向へと向かうための大切な修行と定めています。この中で最も重要なのが「般《はん》若波羅蜜多《にゃはらみった》」と呼ばれる智慧の修行を極めることによって生まれる「完璧な智慧の体得」です。つまり、これこそが「空」を理解できる智慧を身につけるということです。

　ほかの五つの修行である「布施・持戒・忍辱・精進・禅定」については、それほど難しいことを言っているわけではありません。これらは、見返りを求めずに人と接し、自分を戒める姿勢と慈悲の心を持ち、常に第三者の目で自分を冷静に見つめよ、といった意味なので、「日常の暮らしの中で正しく生きていればそれでよい」ということになります。

青年　なんだか拍子抜けですね。たとえ会社員や自営業者として暮らしていても、知性を磨きながら、真面目に人として正しく生きているだけで、私たちは意外と簡単にブッダになれてしまう、というわけですか？

講師　「釈迦の仏教」では救えなかった人々を救うのが大乗仏教ですから、敷居が低いのは当然なのです。それから、「六波羅蜜」の六つの修行のほかにもう一つ、『般若経』ではブッダとなるために最も効果のある修行として、「『般若経』を讃《たた》えること」を挙げています。

青年　お釈迦様を讃えるのではなく、お経自体を讃えるというのはよくわかりません。文字が書かれた紙切れにすぎない「お経」を崇め奉ることに、いったいなんの意味があるのでしょうか？

講師　「お経を讃えよ」と『般若経』が言った理由は、『般若経』では「お経」そのものをブッダととらえたからです。人間の姿をしたものではなく「教えそのもの」がブッダだと考えて、『般若経』ではそれを「法身《ほっしん》」と呼びました。つまり、お経を讃えるという行為が、ブッダ自身を崇め、供養していることになるのです。

前講の最後で「大乗仏教では、利他の行為そのものよりも、ブッダと会ってそれを崇めること、供養することが、自分がブッダになるための近道だと考えるようになっていった」

というお話をしました。この考えに基づくなら、ブッダと出会って誓いを立てた者は、生まれ変わり死に変わりを繰り返す中で、何度もブッダと会い、そのたびにブッダを供養することでパワーをいただく必要があります。でも、残念ながらブッダとは簡単には会えない。では、どうするか？　お経をブッダそのものととらえることで、私たちはこの世界で何度もブッダと出会い、パワーをもらうことができる、と『般若経』は考えたわけです。

青年　根拠があるかどうかは別としても、ブッダになりたいと考える人にとっては、とても有り難いアイデアですね。

講師　確かに斬新なアイデアだと思います。自分がブッダになるために最も効力がある行為は、実際のブッダと直接会って供養することです。ですから、『般若経』を法身と定めたことで、ブッダになるまでのスピードアップが格段にはかれるようになったのです。

また『般若経』では、お経を読んだりとなえたりすることに加えて、「書くこと」も推奨しています。現在の「写経」はこれがもとになっているのですが、「書き写すこと」をブッダ供養の一つととらえたことで、『般若経』は急速に広まっていくことになりました。

青年　写経という行為は、『般若経』をより広める目的で、のちの時代に誰かが考案したものなのですか？

講師　これが興味深いところなのですが、『般若経』には、そういうことがあらかじめ書かれているのです。「『般若経』をとなえなさい、書きなさい、広めなさい」という自己増殖のためのプログラムのようなものが、お経に最初から仕込まれている。だからこそ、どんどんお経がコピーされて広まっていくことになったのです。

今も書店に「『般若心経』・写経セット」などと題して、『般若心経』と写経用紙が一緒になったものが多く売られていますが、現代になってもまだ、当時作られた自己増殖プログラムが機能しているというのは驚くべきことだと思います。

「空」の概念を証明した龍樹

青年　『般若経』が「釈迦の仏教」とは別のものであるということは、今までのお話を聞いてよくわかりましたが、一つ疑問に思うのは、当時の仏教界で、『般若経』を否定する動きはなかったのでしょうか？　いくら仏教が多様化を認める方向に向かっていったとはいえ、根本的な部分がここまで違っていると、批判を受けて当然のようにも思えるのですが……。

講師　おそらくは「そんな経典は、お釈迦様の教えではない」という声も少なからずあったと思われます。『般若経』の教義の基礎となっている「空」の概念は、お釈迦様の教えを否定した上に成り立っていますからね。それまでの部派仏教の動きとは、明らかに異なります。

しかし、いつのまにか、『般若経』を含む大乗経典は「決して釈迦の教えを否定したものではなく、釈迦の教えと地続きにある」と考えられるようになっていきます。こうした流れのきっかけを作った一人が、紀元二世紀頃に南インドに生まれた龍樹《りゅうじゅ》（ナーガールジュナ、一五〇頃〜二五〇頃）という学僧です。

青年 龍樹とは、いったい何をした人物なのでしょうか？

講師 龍樹は、哲学的に仏教を考察した学僧、いわば研究者なのですが、自著『中論《ちゅうろん》』で、「大乗の空の思想は、釈迦の教えの延長線上にあるものだ」と主張したのです。

先ほど申し上げたように、『般若経』の「空」の教えは、「世界を構成している基本要素と、その間に成り立つ因果則は実在する」というお釈迦様の教えを無化し、そこに神秘的要素を含ませることで成立していました。しかし、龍樹は『般若経』の教えから、逆に神秘的要素を排除し、全体を「論理的な構造で成り立っているかのような姿」で説明し直したのです。

青年　えっ？『般若経』から、超越的な法則でこの世が動いているという神秘性を取り除いてしまうと、この世のありようすらも説明できなくなってしまうのではないですか？それを論理的に構築し直した、とはどういうことでしょうか？

講師　そう、理解できませんよね。神秘的な要素を排除してしまえば、その教えは結局、もともとの釈迦の教えにどんどん近づいていきます。龍樹は、「釈迦の仏教」が大乗になって中身ががらりと変わってしまったのを、「いや、変わってはいない」と、様々なレトリックを駆使しながら人々を納得させようとしたのです。

龍樹は、「大乗仏教の教えが釈迦の教えの直系にある」ことを論理的に示したという意味で、大乗仏教界では非常に重要な人物とされていますが、個人的な見解を申し上げるならば過大評価されすぎているようにも思います。龍樹は極めてレトリカルに説得力のあるかたちで、本来は違うものを「同じ」だと言っただけなのです。こんなことを言うと、日本の仏教界からは大きなお叱りを受けてしまうかもしれませんが、私はそう思っています。

青年　大乗仏教の世界では、それほど龍樹の評価は高いのですか？

講師　『般若経』以外のほかの大乗経典も、その根底に『般若経』が作った「空」の思想なくしては成り立ちませんからね。「釈迦の仏教」でいう修行以外のものが修行になると言った場合、そこに「空」という考え方がどうしても必要になってくるのです。だからその「空」が釈迦の教えであると、お墨付きを与えてくれた龍樹は、どの大乗経典にとっても大切な恩人です。

批判的に聞こえてしまったかもしれませんが、私は別に『般若経』を否定するつもりはないですし、『般若経』を含む大乗経典に意味がないと言っているわけでもありません。「空」という概念を言語哲学のレベルにまで持っていって、世界観の革新的な転換をもたらしたという点で、その功績は偉大です。ただし、龍樹の思想と釈迦の教えが別ものであるのは事実なのですから、それを混同してとらえると、仏教の流れを見誤ってしまうということだけは申し上げておきます。

多くの人を救う「神秘」という力

講師 さて、龍樹が取り除こうとした神秘性ですが、結局のところ、「空」の論理はそういった超越的な法則を抜きにしては語れません。ここまで話してきた『般若経』の教えについては、おおよそはご理解いただけたと思いますが、ほかに何かお聞きになりたいことはあ

ります か?

青年　まだ私には納得できないことが残っています。『般若経』は、世界のありようを「凡俗の理屈を超えた、もっと別の超越的な法則によって動いている」ととらえた、と先生はおっしゃいましたが、『般若経』の超越的な法則、「神秘」の力とは、いったい如何《いか》なるものなのでしょうか?

講師　「神秘」とは、そもそも論理的なものではないため、具体的に説明するのは難しいのですが、たとえばお経を拝んだりとなえたりすれば、自分がブッダになれるという教え自体も、神秘の力なくしては成り立ちません。つまり『般若経』のすべての教えのベース、根拠となっているのが神秘の力なのです。

さらに、誤解を恐れずに言ってしまえば、『般若経』それ自体が不思議な力を持った「呪文(マントラ)」であると言ってよいでしょう。『怪談』で知られる「耳なし芳一《ほういち》」の物語はご存知ですね?

青年　盲目の琵琶《びわ》法師が、体中にお経を書いて平家の亡者たちの前で琵琶の弾き語りを行った時、耳にだけお経を書き忘れてしまったために、亡者に耳をとられてしまった……という怖い話ですよね。

講師　そうです。あの時に琵琶法師の体中に書かれていたお経が『般若経』の一つである『般若心経』です。要するに、悪霊退散のパワーを持ったお経として、『般若心経』が物語に登場してくるわけです。ここでも、お経自体が「呪文」だと考えられていたことがわかります。

青年　神秘性を教義の中に含んだお経だったことから、徐々に経典自体が神秘的なパワーを持つものと考えられるようになっていったということでしょうか？

講師　そうではなく、最初から『般若心経』には、「このお経は呪文である」と記されているのです。たとえば『般若心経』の後半には、こんな一節が登場します。

「故《こ》知《ち》般《はん》若《にゃ》波《は》羅《ら》蜜《みっ》多《た》　是《ぜ》大《だい》神《じん》呪《しゅ》　是《ぜ》大《だい》明《みょう》呪《しゅ》　是《ぜ》無《む》上《じょう》呪《しゅ》　是《ぜ》無《む》等《とう》等《どう》呪《しゅ》　能《のう》除《じょ》一《いっ》切《さい》苦《く》　真《しん》実《じつ》不《ふ》虚《こ》」

現代語訳すると「ゆえに以下のことを理解せよ。般若波羅蜜多は大いなる真言（マントラ）であり、大いなる知力を持つ真言であり、最上の真言であり、比類なき真言であり、一切の苦しみを鎮める真言であり、嘘いつわりがない真実なのである」となります。つまり、このお経さえとなえれば、苦しみはすべて取り除かれる、どのようなことにも効く、万能の呪文だ、とはっきりと書かれているわけです。

摩《ま》訶《か》般《はん》若《にゃ》波《は》羅《ら》蜜《みっ》多《た》心《しん》経《ぎょう》

観《かん》自《じ》在《ざい》菩《ぼ》薩《さつ》行《ぎょう》深《じん》般《はん》若《にゃ》波《は》羅《ら》蜜《みっ》多《た》時《じ》照《しょう》見《けん》五《ご》蘊《うん》皆《かい》空《くう》度《ど》一《いっ》切《さい》苦《く》厄《やく》舎《しゃ》利《り》子《し》色《しき》不《ふ》異《い》空《くう》空《くう》不《ふ》異《い》色《しき》色《しき》即《そく》是《ぜ》空《くう》空《くう》即《そく》是《ぜ》色《しき》受《じゅ》想《そう》行《ぎょう》識《しき》亦《やく》復《ぶ》如《にょ》是《ぜ》舎《しゃ》利《り》子《し》是《ぜ》諸《しょ》法《ほう》空《くう》相《そう》不《ふ》生《しょう》不《ふ》滅《めつ》不《ふ》垢《く》不《ふ》浄《じょう》不《ふ》増《ぞう》不《ふ》減《げん》是《ぜ》故《こ》空《くう》中《ちゅう》無《む》色《しき》無《む》受《じゅ》想《そう》行《ぎょう》識《しき》無《む》眼《げん》耳《に》鼻《び》舌《ぜっ》身《しん》意《い》無《む》色《しき》声《しょう》香《こう》味《み》触《そく》法《ほう》無《む》眼《げん》界《かい》乃《ない》至《し》無《む》意《い》識《しき》界《かい》無《む》無《む》明《みょう》亦《やく》無《む》無《む》明《みょう》尽《じん》乃《ない》至《し》無《む》老《ろう》死《し》亦《やく》無《む》老《ろう》死《し》尽《じん》無《む》苦《く》集《しゅう》滅《めつ》道《どう》無《む》智《ち》亦《やく》無《む》得《とく》以《い》無《む》

図６　般若心経全文

所《しょ》得《とく》故《こ》菩《ぼ》提《だい》薩《さっ》埵《た》依《え》般《はん》若《にゃ》波《は》羅《ら》蜜《みっ》多《た》故《こ》心《しん》無《む》
罣《けい》礙《げ》無《む》罣《けい》礙《げ》故《こ》無《む》有《う》恐《く》怖《ふ》遠《おん》離《り》一《いっ》切《さい》顚《てん》倒《どう》夢《む》
想《そう》究《く》竟《ぎょう》涅《ね》槃《はん》三《さん》世《ぜ》諸《しょ》仏《ぶつ》依《え》般《はん》若《にゃ》波《は》羅《ら》蜜《みっ》多《た》故《こ》
得《とく》阿《あ》耨《のく》多《た》羅《ら》三《さん》藐《みゃく》三《さん》菩《ぼ》提《だい》故《こ》知《ち》般《はん》若《にゃ》波《は》羅《ら》蜜《みっ》
多《た》是《ぜ》大《だい》神《じん》咒《しゅ》是《ぜ》大《だい》明《みょう》咒《しゅ》是《ぜ》無《む》上《じょう》咒《しゅ》是《ぜ》無《む》等《とう》等《どう》
咒《しゅ》能《のう》除《じょ》一《いっ》切《さい》苦《く》真《しん》実《じつ》不《ふ》虚《こ》故《こ》説《せつ》般《はん》若《にゃ》波《は》羅《ら》蜜《みっ》
多《た》咒《しゅ》即《そく》説《せつ》咒《しゅ》曰《わっ》
羯《ぎゃ》諦《てい》羯《ぎゃ》諦《てい》波《は》羅《ら》羯《ぎゃ》諦《てい》波《は》羅《ら》僧《そう》羯《ぎゃ》諦《てい》菩《ぼ》提《じ》薩《そ》婆《わ》訶《か》
般《はん》若《にゃ》心《しん》経《ぎょう》

さらに最後には「羯諦羯諦《ぎゃていぎゃてい》……」という、いかにも呪文らしいくだりが登場しますが、この一節が不思議な響きをもって聞こえるのは、原典のサンスクリットの音「ガテー・ガテー……」を、そのまま漢字に置き換えたからです。では、どうしてこの部分だけ意訳されなかったかというと、ここここそが呪文であって、置き換えてしまうと言葉に秘められた神秘のパワーが失われてしまうからです。

青年　『般若心経』が呪文だったとは初めて知りました。そんなお話を聞くと、どうも怪しくてうさんくさいものに思えてきてしまうのですが……。

講師　たしかに神秘や不思議な力という話を持ち出すと、怪しく感じる人も多いでしょうね。しかし、「神秘」と言われて抵抗を感じる人は、「神秘」と「迷信」を混同しているからではないでしょうか。神秘と迷信は似て非なるものです。迷信とは目の前に現れた二つの現象の間に誤った因果関係を想定することです。たとえば、カラスが庭に来て鳴いていたのを見た翌日に、母親が亡くなったとします。それを「母が死んだのは、カラスが鳴いたからではないか」と考えるのは迷信です。そこにはなんの因果関係も存在しませんから、それはただの思い込みにすぎません。

一方の神秘とは、世の中の現象の奥に、人智では説明不可能な力を感じ取ることです。

たとえば重病で一週間の命と言われた人が、毎日お経をとなえていたところ、半年以上生きながらえて娘の結婚式に出席し、その翌日に亡くなったとしましょう。お経に病を治す力があるかどうかは誰にもわかりませんが、この時、お経がその人にとって何らかの心の支えとなったのは確かです。そこに人智を超えた不思議な力を感じ取るならば、それはその人にとって神秘な力が存在していたということになるのです。

青年 そう言われても、やはり私には納得できません。それは神秘の力などではなく、俗にいうプラシーボ（偽薬）効果とも考えられますよね。ただの小麦粉を固めたものであっても、薬だと思って飲み続けると、意外に病気が治ったりすることがあります。お経もそれと同じではないのでしょうか？

講師 お経をとなえて寿命が延びたのは、プラシーボ効果にすぎないと思っていただいても一向に構いません。感じ方は人それぞれであってよいと思います。

しかし、大きな力の存在を信じることで心にパワーをもらい、そのおかげで病気を克服したり、救いを感じたりする人が実際にいるのも事実です。自分の力で苦しみから逃れようと思っても、一人ではどうすることもできず、何か大きな力に頼ることでしか救われない人もいるのです。そうした人を救うという意味においては、『般若経』が「神秘性」というものをベースに置いていることは、決して悪いことではないと私には思えるのです。人智を超えた力というと、怪しく聞こえるかもしれませんが、『般若経』は神秘の力というものを新しく加えたことで、新たな「救い」の要素が導入されたのです。人は誰でも「ありえないことだけど、こうあって欲しい」とか「実際には無理だろうけど、なんとかこうならないかな」と考えたりするものです。何か不思議で超越的な力がこの世に存在すると思えるなら、そうした見果てぬ夢にも希望が持てるようになるのです。

青年　『般若経』が神秘の力を教えの中に潜ませたことで、「釈迦の仏教」が考えていた因果則は無化され、すべてが漠然としてしまったけれども、逆にそうなったことで新たに救われる人も出てきた、とプラスに考えればよいということですね？

講師　そうです。「釈迦の仏教」には、業や輪廻といった、現代社会では受け入れにくい概念も含まれていますが、神秘的要素はほとんど存在しません。「釈迦の仏教」は、心の苦悩を自分の力で消したいと願う人たちにとっては、論理的かつ理性的で、ほぼ完璧な宗教であることは間違いないでしょう。

しかしそこには、出家や修行という現実世界ではなかなか実行できないハードルが設定されています。「釈迦の仏教」だけでは救われない人がどうしても出てきてしまうのです。

そういう人のために『般若経』が作られたのだと考えれば、「釈迦の仏教」を否定しているからこそ、そこに存在意義があると考えることもできるのです。

第三講　法華経——なぜ「諸経の王」なのか

日本の宗派に影響を与えた「諸経の王」

講師　今回の講義では『般若経』が誕生してから、おそらく五十～百五十年ほどあとに北インドで作られたとされる『法華経』について解説していきましょう。『法華経』は『般若経』の教えにモデルチェンジを加えた、『般若経』の進化形と言うべきお経です。どんな教えが書かれた経典なのかはご存知ない方でも「南無妙法蓮華経《なむみょうほうれんげきょう》」という題目《だいもく》はお聞きになったことがありますね。その「妙法蓮華経」というのが、これから説明する『法華経』のことです。

青年　「南無妙法蓮華経」ととなえる宗派としては日蓮宗・法華宗が有名ですよね。『法華経』は日蓮宗・法華宗固有の経典と思ってよいのでしょうか？

講師　『法華経』は「諸経の王（すべての経典の王様）」とも言われ、日蓮宗・法華宗にかぎらず大乗仏教の様々な宗派で大切に扱われています。日蓮宗・法華宗から分かれた多くの仏教教団も『法華経』を根本経典としていますし、天台宗や融通《ゆうずう》念仏宗でも『法華経』を重要なお経の一つととらえています。

青年　たくさんお経がある中で、なぜ『法華経』が「諸経の王」と呼ばれるのですか？

講師　そのわけをお話しするには、まずインドから中国への仏教の伝わり方を見ていく必要があります。

仏教が中国へ伝わったのはシルクロードが開通する紀元一～二世紀頃で、「釈迦の仏教」が誕生してから五百～六百年後のことです。その間、「釈迦の仏教」は南のスリランカには伝来しますが、北方ではずっとシルクロードの門が開くのを待っている状態にありました。そしてシルクロードが開通すると、その頃すでにインドでは大乗仏教が生まれていましたから、中国には、「釈迦の仏教」と大乗仏教という新旧二種類の仏教が一時に流れ込んでいくことになります。

これに中国人は驚きました。それはそうですよね。同じ仏教という名のもとに全然違うことが書かれた経典が次々に入ってきて、それらがみんな「これこそが釈迦の教えである」と主張するのですから、いったいどう理解すればよいのかわからなくて混乱してしまったのです。

そうして数百年の混乱期の間に、中国の人たちは「釈迦の仏教」ではなく、大乗仏教のほうを釈迦の本当の教えとして重視するようになっていきました。「釈迦の仏教」は首尾一貫していますがたいへん厳しい教えですから、万人には向きません。また第一講でも述べたように、後発の大乗仏教は、前の時代の「釈迦の仏教」を下に見るような姿勢で教えを説いていますから、歴史的経過を知らずに読めば大乗仏教こそが本当の釈迦の教えだという思いが湧いてきて当然です。では、どうしてその大乗仏教の中でも『法華経』が特に素晴らしいとされたのか。そこに登場するのが中国天台宗の開祖・智顗《ちぎ》（五三八～五九七）です。

青年 智顗は、どんなことをしたのでしょう？

講師 智顗は、『般若経』や『法華経』のほか、『華厳経』『維摩経《ゆいまぎょう》』『阿含経』などの経典を分類・判定して（これを「教相判釈《きょうそうはんじゃく》」と言います）、『法華経』こそが釈迦が本当に言いたかった、最も上位の教えであるとしたのです。

なぜ智顗が『法華経』を最高位に置いたかと言えば、『法華経』が「誰でも仏になれる」という教えを強く主張したからです。『法華経』の内容については、このあとで見ていきますが、それが朝鮮半島を経由して、聖徳太子の時代の日本にも伝わります。「三経義疏《さんぎょうぎしょ》」という言葉を聞いたことがありませんか？

青年 日本史の授業で習いました。たしか聖徳太子撰とされる経典の注釈書で……そう言えば、『勝鬘経《しょうまんぎょう》義疏』と『維摩経義疏』と、もう一つが『法華経義疏』でしたね？

講師 よくご存知ですね。その『法華経義疏』が日本での『法華経』註釈の始まりにあた

図7　仏教の伝播

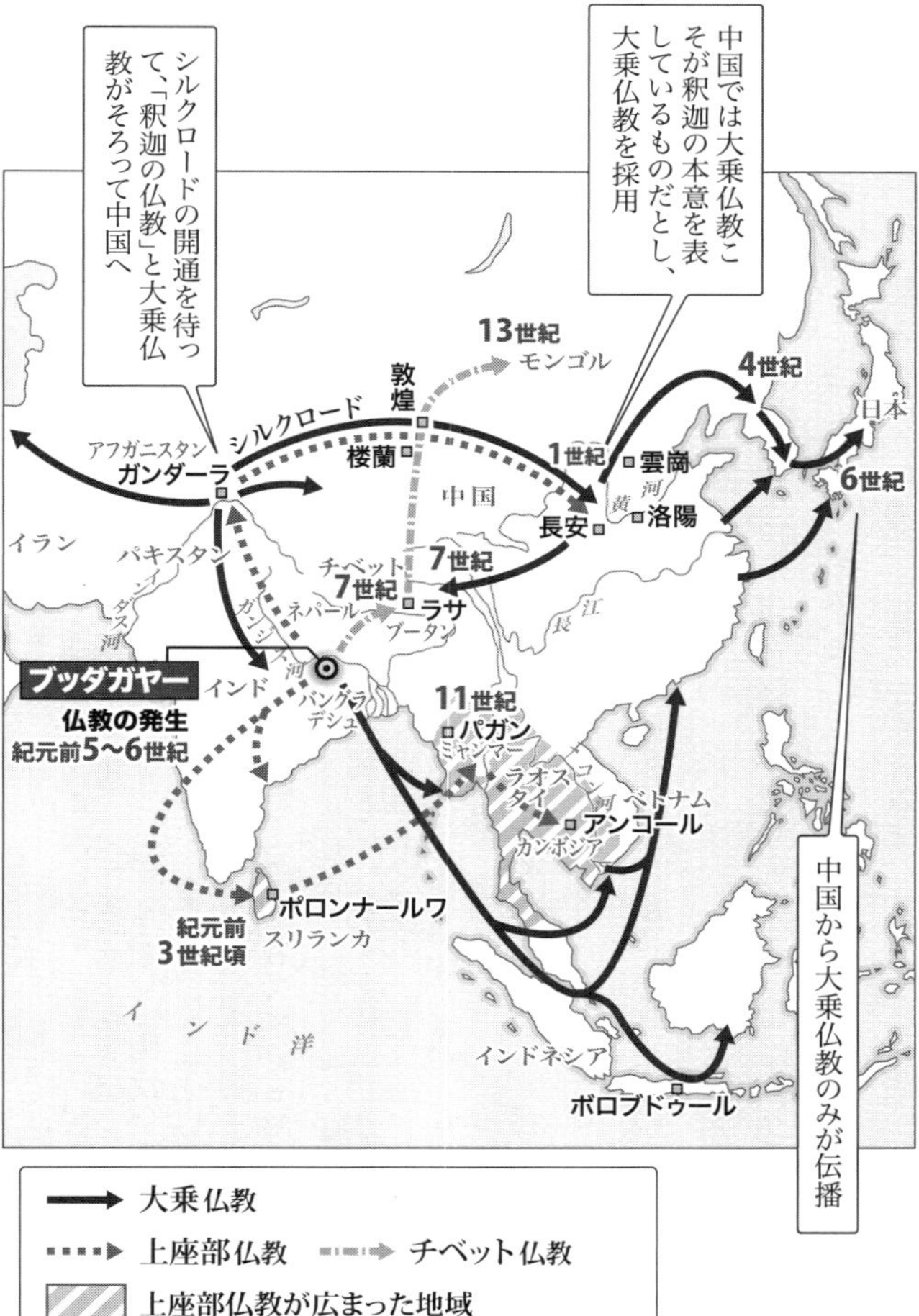
シルクロードの開通を待って、「釈迦の仏教」と大乗仏教がそろって中国へ
中国では大乗仏教こそが釈迦の本意を表しているものだとし、大乗仏教を採用
中国から大乗仏教のみが伝播
13世紀
モンゴル
敦煌
シルクロード
4世紀
日本
アフガニスタン
ガンダーラ
楼蘭
1世紀
雲崗
黄河
6世紀
中国
長安
洛陽
イラン
パキスタン
インダス河
チベット
7世紀
7世紀
ラサ
ネパール
ガンジス河
ブータン
長江
ブッダガヤー
インド
バングラデシュ
仏教の発生
紀元前5～6世紀
11世紀
パガン
ミャンマー
ラオス
タイ
メコン河
ベトナム
アンコール
カンボジア
ポロンナールワ
紀元前3世紀頃
スリランカ
インド洋
インドネシア
ボロブドゥール
大乗仏教
上座部仏教
チベット仏教
上座部仏教が広まった地域

ります。しかし、広く日本に浸透することになったのは平安時代、比叡山延暦寺《ひえいざんえんりゃくじ》が開かれたのがきっかけです。もともと比叡山は、最澄《さいちょう》（七六七？〜八二二）があらゆる仏教の教えを統合するものとして『法華経』を位置づけ、このお経を中心に仏教全般を学ぶための〝総合大学〞として開いたのが起源です。

『法華経』とゆかりの深い日蓮（一二二二〜一二八二）はもちろんですが、浄土宗の開祖・法然《ほうねん》（一一三三〜一二一二）、浄土真宗の開祖・親鸞《しんらん》（一一七三〜一二六二）、臨済宗の開祖・栄西《えいさい》（「ようさい」とも、一一四一〜一二一五）、曹洞宗の開祖・道元《どうげん》（一二〇〇〜一二五三）らもじつはみんな〝比叡山大学〞の卒業生です。

青年　のちに各宗派の開祖となる高僧の多くが比叡山で学んだとすると、ほとんどの日本の宗派は『法華経』の影響を受けていることになるのですか？

講師　日本の宗派のほとんどは多かれ少なかれ『法華経』に影響され、その教えをなんらかのかたちで自分たちの教義に取り入れたと思っていいでしょう。法然と親鸞はのちに「浄土教」を説くことになったため、教義に『法華経』を取り入れることはありませんでしたが、若い頃に『法華経』を学んだのは事実です。そういう意味では、『法華経』は、あらゆる日本の仏教のベースとなった経典と言えるかもしれません。

すべての人々を平等に救う「一仏乗」

講師　『法華経』のサンスクリット語の原題は、「サッダルマ・プンダリーカ・スートラ」で、日本語に訳すと「正しい教えという白い蓮《はす》の花を説くお経」となります。原典となるサンスクリット語経典をはじめ、チベット語やウイグル語、モンゴル語、西夏《せいか》語、朝鮮語など様々な訳がアジア各地に伝わっています。漢訳として完全なかたちで現存するのは『正法華経《しょうほけきょう》』『妙法蓮華経』『添品《てんぽん》妙法蓮華経』の三種ですが、中でも日本においては鳩《く》摩羅什《まらじゅう》（クマーラジーヴァ、三四四？～四一三？）が訳した『妙法蓮華経』が広く流布しています。

『妙法蓮華経』は二十八の章（品《ほん》）で構成されています。全体を通して読むと、一部にしか記されていない教えがあったり、前半と後半で教義の内容が食い違っていたりするため、お経のどの部分に注目するかによって解釈が違ってくるのが少々やっかいなところです。日蓮系の宗派は現在、きわめて複雑に分派していますが、分かれた理由の一つは、お経のどの部分に注目したかという解釈の違いです。

青年　お経というものは本来、全体で一つの教義を説いたものであるはずですよね。それなのになぜ、一つの経典に異なる考えが混在することになったのですか？

講師　それはお経の成り立ちに関係しています。『法華経』の発祥については諸説ありますが、おそらくは時代を経る中で少しずつ話が書き加えられて、現在のかたちになったと考えられます。つまり、もともとはシンプルだった教義に、「こんなふうに解釈ができる。あんなふうに拡大してとらえることもできる」と、後世の人の意図が徐々に付け足されていったことで、統一感に欠けた内容になってしまったのです。

そのため、『法華経』の本当の教えを知ろうと思ったら、お経そのものに立ち戻って、最初に作られた部分に注目することが大切になってきます。実際に『法華経』を読んでみると、核となる重要な教えが示されているのは明らかに第二章の「方便品《ほうべんぼん》」です。ですから、まずは『法華経』のエッセンスと言うべき「方便品」を見ていきたいと思います。

ですがその前に、『法華経』と『般若経』との共通点についてお話ししておきましょう。先ほど私は「『法華経』は『般若経』の進化形である」と申し上げましたが、『法華経』と『般若経』のベースとなる考え方はほぼ共通しています。第二講でお話しした『般若経』における悟りのプロセスについては、覚えていらっしゃいますか？

青年　はい。私たちはすでに過去においてブッダと出会い、誓いを立てて菩薩（ブッダ候補生）になっており、日常で善行を積み重ねていけばやがては誰もがブッダになれる、というものでしたね。

講師　そのとおりです。阿羅漢ではなくブッダを目指すという点や、日常の善行がブッダになるためのエネルギーに転換できると考えた点は、『法華経』も『般若経』と同じです。また、「お経を読んで心に何か感じるものがあったなら、それがブッダと過去に出会って誓いを立てた証拠である」ととらえた部分も共通しています。自動車にたとえるなら『法華経』と『般若経』は、ほぼ同型のエンジンを積んでいると思ってよいでしょう。とはいえ、いくつかの部分で『法華経』には新機軸が導入されています。そうした変更箇所の最も重要な部分について書かれているのが「方便品」です。

青年　なるほど。同じ車種でありながらも、後続のニューモデルとして登場したのが『法華経』というわけですね。では、『法華経』には具体的にどんな機能が新しくプラスされているのですか？

講師　まず『般若経』との最大の違いは、『法華経』が「一仏乗《いちぶつじょう》」という新たな教えを説いた点にあります。一仏乗とは、ひとことで言うと「すべての人々は平等にブッダになることが可能である（衆生成仏《しゅじょうじょうぶつ》）」という教えのことです。「乗」とは乗り物のことを指すので、一仏乗は「ブッダになるための唯一無二の乗り物」という意味にとらえておいてください。

青年　お言葉を返すようですが、『般若経』でも「すべての人はすでに菩薩であり、やがては誰もがブッダになれる」と考えたはずですよね。だとすると『般若経』も『法華経』も同じことを言っているのではないですか？

講師　じつは『般若経』の場合は、「三乗思想《さんじょう》」という考え方をベースにしていて、すべての人が平等にブッダになれるとは考えてはいなかったのです。前回の講義では「三乗」について触れなかったので、ここで改めて説明しましょう。

『般若経』では、悟りを開くためには三つの修行方法（乗り物）があると考えました。

一つめは「声聞乗《しょうもんじょう》」です。声聞とは「教えを聞く人」という意味で、お釈迦様の教えを聞きながら阿羅漢を目指して修行に励む出家者のことを指します。

二つめは「独覚《どっかく》（縁覚《えんがく》）乗《じょう》」。独覚とは誰にも頼らず独自に悟った人のことです。声聞のように共同生活（サンガ）の中で修行するのではなく孤独な修行をしてたった一人で悟りを開き、その教えを他者に説かないのが独覚です。この声聞乗、独覚乗という二つの道は、「釈迦の仏教」で認められている悟りへの道です。

そして三つめが、「菩薩乗」です。自らを菩薩と認識し、日常の善行を積むことによってブッダを目指すのがこの方法です。

『般若経』では、「三つの乗り物（三乗）の中で、最も優れているのは菩薩乗である」として、声聞乗や独覚乗を劣った仏道と見なしましたが、これは『般若経』の成立過程を考えれば当然ですよね。声聞乗と独覚乗は「釈迦の仏教」における悟りの道であり、菩薩乗は「大乗仏教」の悟りの道を示しているわけですから、『般若経』が菩薩乗をほかの二つより一段上に置くのは当たり前のことです。

しかし、新しく作られた『法華経』では、こうした三乗の上下関係を撤廃し、声聞や独覚も平等に救う方法（乗り物）があると説きました。その乗り物が「一仏乗」なのです。

青年　今の話を聞いてもまだ違いがよく理解できません。しつこいようですが、すべての人はすでに菩薩なのだから、やがてはブッダになれると考えた点では、『般若経』の菩薩乗と『法華経』の一仏乗は、同じということにはならないのですか？

講師　もう少し説明が必要ですね。じつは『般若経』の三乗の中で示された菩薩乗と、『法華経』の一仏乗は同じものなのか、それとも別のものなのかについては『法華経』信者の間でも古くから議論が交わされている重要テーマなのです。

でも私は、この二つは明らかに別のもので、「『法華経』の一仏乗は『般若経』の三乗思想のさらにもう一段上に位置するもの」と考えています。そうでなければ、わざわざ『法華経』を新しく作った意味がないからです。

おそらく『法華経』を最初に作った人は、次のように考えたのではないでしょうか。「『般若経』は自分たちと声聞や独覚を区別して、自分たちが上だと言っているが、そうした上下関係を持ち出すこと自体がレベルの低い話だ。われわれの『法華経』は、それを超えるための、声聞も独覚も菩薩も一つにまとめて、すべての人をもれなく救うことができる最上最大の道の存在を示すのだ」と。

方便としての「初転法輪」

青年　声聞や独覚であってもブッダになれるとしたら悪い話ではありませんよね。「釈迦の仏教」を信じていた人たちの中にも「できれば阿羅漢ではなく、もっとレベルの高いブッダになりたい」と、心で願っていた人もいたでしょう。もし私が声聞の立場だったら迷うことなく、すぐに一仏乗に乗り換えますね。

講師　しかし、「声聞や独覚も本当はすでに菩薩となっていて、いずれすべての人がブッダになれる」と主張すると、辻褄《つじつま》の合わないことが出てきます。「釈迦の仏教」を説く『阿含経』や古い仏伝には、「修行僧、つまり声聞たちは悟りを開いて阿羅漢になった」とは書かれていても、「声聞たちは菩薩として修行した」とか「最終的にはブッダになった」とは、どこにも書かれていないのです。

『般若経』のように、声聞乗、独覚乗、菩薩乗を分けて考えた場合は、「釈迦の仏教」における仏道を認めながらも、それとは別の道があることを示したことになるため、それほど矛盾は感じませんが、『法華経』のように「〈釈迦の仏教〉を信じて修行している声聞や独覚も、じつはすでに菩薩なのだ」と言い切ってしまうと、どうしてもお釈迦様の教えとの間に食い違いが生まれてしまうのです。そこで『法華経』では、「釈迦の仏教」と整合性をつけるため、「初転法輪《しょてんぼうりん》」を書き換えることにしたのです。

青年　「初転法輪」とは初めて聞く言葉ですが、どういう意味でしょうか？

講師　初転法輪とは、お釈迦様が初めて人々に教えを説いた出来事のことを指します。「釈迦の仏教」に属する古い経典によれば、お釈迦様はブッダガヤの菩提樹の下で悟りを開いたあとに、そこから二〇〇キロほど離れた鹿野苑《ろくやおん》（現サールナート）という場所を訪れて、五人の修行者たちを前に、初めて悟りの道を説いたとされています。

もともとお釈迦様は自分自身が悟りを開くために修行していただけで、それを誰かに伝えようという気持ちはなかったようですが、仏伝によれば、悟りを開いた時に梵天《ぼんてん》が現れて「人々を救済するために、ぜひ教えを説き広めてください」とお釈迦様に頼みました。梵天とは古代インドのバラモン教で信仰されていた最高神（宇宙の最高原理であるブラフマン〔梵〕を神格化したもの）で、そんな偉い神様に頼まれてはお釈迦様も断るわけにはいかないので、教えを説くことを決意したというのです。

この時の五人の修行者に対する初転法輪では、お釈迦様から教えを聞いた五人は、悟りを開いて阿羅漢になったとされています。ブッダになったなどとは言いません。「釈迦の仏教」の話ですから当然ですね。

でも、そうなると「弟子たち（声聞）もじつは菩薩であって、最終的にはブッダになれる」という一仏乗の教えが成り立ちません。そこで『法華経』では、この初転法輪は単なる方便であり、お釈迦様は、その後に行われた「第二の転法輪」で真理を説いた、という二段階のストーリーを創作することにしたのです。

青年　ちょっと待ってください。そうなると「初転法輪」の時にお釈迦様が語った教えは、すべて嘘だったということになってしまいませんか？

講師 そういうことになりますね。『法華経』はお釈迦様と、舎利弗《しゃりほつ》（シャーリプトラ）という、「智慧第一」とも呼ばれる一番弟子との間の対話形式で書かれているのですが、「方便品」には二人の次のような会話が記されています。

お釈迦様はまず舎利弗に向かって「以前、初転法輪の時に、私は悟りのための教えを説いたが、あれはじつは方便であり、本当の真理は別のところにあるのだ」と切り出します。その言葉を聞いた舎利弗はもちろん驚いて、「では、あれはなんだったのですか？ それと今おっしゃられた真理とはいったいどんなものなのでしょう？」と問いかけますが、お釈迦様は「本当のことを言ってもみんな恐れるだけだから、言っても無駄だ」と拒否し、なかなか重い口を開いてくれません。お釈迦様は三度しつこく尋ねられて、ようやく語ります。

「今まで私は君たちに阿羅漢を目指しなさいといって、ブッダになれるとは言ってこなかった。しかし、実際にはすでに過去において君たちはブッダと出会っていて、菩薩となっているのだ。もしすべての人にブッダになることを目指せと言ったら、愚かで資質のない者は、深遠な考え方に戸惑って混乱してしまうと思ったから、今までは言わなかった。だがそれは真の教えではない。真実は〈一仏乗〉だけだ。阿羅漢になるのが本当の道ではなく、菩薩としてブッダを目指すのが正しい道なのだ」と。

青年 初転法輪はでまかせだったと、お釈迦様自身が告白したというわけですか。『法華経』では、お釈迦様は最初に嘘をついたことになっているのですね。

講師 いや、これは嘘ではなく、いわゆる方便です。よく私たちは「嘘も方便」と言って、正しい目的を達成するためには真実でないことを言っても許されると考えますよね。本来、方便という言葉は仏教用語で「人々を真の教えに導くための仮の手段」というプラスの意味で使われるのです。

青年 でも最終的に真理を伝えるのであれば、方便など使わずに最初から弟子たちに真実を告げてもよかったのではないですか？

講師 方便としての最初の教えにもちゃんと意味があるのです。結果的には方便の教えにひかれて多くの弟子たちがお釈迦様のもとに集まってきたことを考えると、方便としての初転法輪は人の注意をひくために行われたものだ、と見なすこともできます。

いずれにしても、前に存在していた「釈迦の仏教」や『般若経』を無化して、一段上の教えを示すためには、そうやって話を作り変える必要があったわけです。「方便品」には「一仏乗を信じない者は地獄に堕ちる」とまで書かれていますが、こうしたくだりを見ても、『法華経』が「なんとしてでも前に存在したお経を超えなくてはならない」という強い意図を持って作られたものであることがわかってきます。

三車火宅の喩

講師　ここまでは『法華経』の教えの核となる「方便品」について解説してきましたが、おおよそご理解いただけましたか？

青年　『法華経』が初転法輪をベースにして新たに一仏乗を導入したことは理解できましたが、まだ私には一仏乗が具体的にどんなものを意味するのかよくわかりません。昔の人たちは、今のような話を聞いただけですんなり理解できたのでしょうか？

講師　おそらく当時もすぐには理解できない人が多かったと思います。しかし、そういう人たちのために『法華経』はいろいろ工夫をこらしています。それが、各章に散りばめられた譬喩《ひゆ》（たとえ話）です。『法華経』の特徴は数多くの譬喩にあると言っても過言ではありません。中でも「法華七喩《しちゆ》」と呼ばれる七つの話が広く知られています。

青年　たとえ話を読み進めていくうちに、知らず知らずのうちに教えが頭に入ってくるというわけですか。いったいどんな話が書かれているのか、ぜひともお聞きかせ願いたいですね。

講師　一仏乗の考え方をわかりやすく説明したものとしては「譬喩品」にある「三車火宅《さんしゃかたく》の喩」が有名です。この話を読んでいくと、『法華経』の「一仏乗」とは何を意味しているのか、なぜお釈迦様が方便を使ったのか、おのずと理解できるでしょう。

ある町に長者が住んでいました。家族は大きな屋敷で暮らしていましたが、その屋敷は老朽化が進んで荒れ果てているうえに出入り口が一つしかありません。

ある日、屋敷で火事が起こります。長者は火事に気づいて外へ逃れ出たのですが、幼い子どもたちは火事に気づくことなく、呑気に家の中で遊んでいます。これを見た長者は、子どもたちに向かって「危ないからすぐに外に出なさい」と必死に叫びますが、子どもたちは我が身に迫っている危険が理解できないため、一向に外に出てこようとはしません。

困り果てた長者は、子どもたちがふだんから欲しがっていたおもちゃを思い浮かべながら、こう声をかけました。「お前たちがずっと欲しがっていた羊車《ようしゃ》、鹿車《ろくしゃ》、牛車《ごしゃ》をあげるからすぐに出ておいで」。その言葉を聞いた子どもたちは、喜んで戸外へと飛び出してきます。

しかし、子どもたちは期待していた車のおもちゃがないことを知って「お父ちゃん、約束と違うよ」と長者に訴えます。そこで長者は、約束した三つの車よりももっと豪華で速く走ることができる「大白牛車《だいびゃくごしゃ》」（真っ白な牛が曳《ひ》く大きな車）のおもちゃをそれぞれに与え、子どもたちを満足させました――。以上が「三車火宅の喩」です。

青年　ハッピーエンドの物語というのはわかりましたが、今のお話と『法華経』の一仏乗とはどうつながるのですか？

講師　こんなふうに考えてみてください。

火事になった屋敷とは、私たちが暮らしている苦しみに満ちた娑婆《しゃば》（サンスクリット語「サハー」の音写、「耐え忍ぶ所」の意）世界のことです。いち早く火事の屋敷から逃げ出した長者とは、出家して悟りを開いたお釈迦様。家に残った子どもたちは私たち衆生を指しています。子どもたちは火事を怖いものとは知らずに遊んでいましたが、これは苦しみの中にありながらもそれを苦しみとは感じずに、自分の欲望をかなえることばかり願っている衆生の愚かな様子をたとえています。

子どもたちを助けようと考えた長者は「出て来た者には羊車、鹿車、牛車をあげよう」と声をかけますが、ここで示された羊車と鹿車は声聞乗と独覚乗、牛車は菩薩乗を指しています。そしてお釈迦様である長者が家から出てきた子どもたちに与えた、三つの車よりもずっと立派な大白牛車が、『法華経』の「一仏乗」です。

青年　なるほど、うまく作られたお話ですね。三乗の一つとしての菩薩乗の牛車ではなく、それよりもはるかに快適な一仏乗である大白牛車を与えた……とすると、「三つの車をあげる」と言った最初のお釈迦様の言葉はあくまでも私たちの気持ちを引き寄せるための方便であって、最後に与えた大白牛車こそが真の教えだということですね。

講師　まさに、おっしゃるとおりです。その大白牛車こそが唯一最良の道であり、最高の智慧だったということです。お釈迦様は初転法輪で、いきなり高度な教えを説いても普通の人には理解できないと思い、まずは準備段階として、方便としての「釈迦の仏教」を説いた。そして、その後しばらくしてから、真実の教えである『法華経』を説いたというわけです。

ここは、非常に重要なポイントです。初転法輪が、じつは二度に分けて行われたと新たに定義することで、本来ならば先に存在していたオリジナルの教えが唯一の真理であったはずなのに、そこに上乗せするかたちで、「じつは、これが本当の真実である」と言って、新たな教義を導入しているのです。これは『法華経』にかぎらず、多くの大乗経典において用いられている手法です。

ほかにも『法華経』には、文学的で巧みなたとえ話がたくさん挿入されています（法華七喩」の中の六喩については、116〜117ページの図8をご覧ください）。『法華経』が民衆の間に浸透していった大きな理由の一つに、誰が読んでも親しみやすいお経だった点が挙げられると思います。

ただひたすらにお経のパワーを信じなさい

青年　今のお話をうかがって『法華経』が示した「一仏乗」という考え方については自分なりに理解できたつもりですが、一つ質問があります。『法華経』では、私たちはブッダになるためにどんな修行をすべきだと説いているのでしょうか？

講師　ブッダになるための修行方法は、基本的には『法華経』も『般若経』と同じで、人間として正しい行い（善行）を積み重ねていけば、やがてはブッダになれると考えました。善行の中でも、『法華経』が特に重視したのが「仏塔供養」です。仏塔とはブッダの遺骨を祀るストゥーパのことを指しているので、「お釈迦様の遺骨を供養することが菩薩としての最大の功徳となる」と『法華経』では説いていることになります。

しかし、「仏塔供養が大切だ」と書かれているのは前半部分だけで、後半になると話が

図8　法華七喩（「三車火宅の喩」以外の六喩の要約）

長者窮子の喩

【信解品】

長者である父親（仏）のもとを離れ、放浪生活・貧窮生活を送る息子（衆生）が、五十年後に父親と再会する。父は息子だと気づくが、息子は父だとわからないまま長者のもとで働き始める。それから二十年、長者の導き（三乗から一仏乗への誘導）によって息子は後継者にふさわしく成長した。死期を悟った長者は、はじめて実の親子であることを息子に明かし、自分の全財産（仏の智慧）を譲る。

三草二木の喩

【薬草喩品】

この地上には様々な種類、色や形の違う植物が生い茂っているが、地上をおおう雨雲があらゆる場所に雨を降らすと、三草（小草・中草・大草）も二木（小樹・大樹）もすべてが等しく潤い、それぞれの種類に応じて生長する。仏も雨雲と同じように、あらゆる場所に説法の雨を降らしてすべての衆生を潤し、それぞれの能力や性格の違い、遅速の違いはあっても必ず一仏乗に到らしめる。

化城宝処の喩

【化城喩品】

人跡未踏の密林に行き当たった隊商たち（衆生）は、先に進むのをあきらめて道を引き返そうと言い出す。その時、彼らの案内人（仏）が神通力で密林の中に幻の都城（化城＝三乗）を現出させて一行を都城まで導く。都城で休息してみんなの疲れが癒えた時、案内人はこの都城は自分の造った化城だと明かし、彼らを励まして密林の向こう側にある真の目的地（一仏乗）への旅立ちを促す。

衣裏繋珠の喩

【五百弟子受記品】

ある男（**衆生**）が友人の家で酔いつぶれて眠り込んでいた時、友人（**仏**）は「この宝石（**仏の智慧**）が彼の役に立てば」との思いを込めて、男の衣の裏に高価な宝石を縫いつけたが、男は気づかないまま貧乏な暮らし（**小さな智慧**）に甘んじていた。そののち二人が再会した時、宝石を与えた友人は、貧乏な暮らしに満足したままの男を嘆き、その宝石を元手にして暮らしを変えることを勧める。

髻中明珠の喩

【安楽行品】

転輪聖王（**インド神話の理想的聖王**）は功績をあげた臣下に様々な恩賞を下賜するが、王のみが所有できる髻《もとどり》の中の明珠だけは決して誰にも与えなかった。しかし、王も驚くほどの大功をあげた者が現れた時、ついに明珠を譲る決心をした。同様に、教えの王者である仏も時機到来を見極めた時、永らく秘蔵としてきた最後の教え（**法華経**）を弟子たちに説いて与えたのである。

良医治子の喩

【如来寿量品】

ある良医（**仏**）が旅に出ている間に、彼のたくさんの子ども（**衆生**）が誤って毒薬を飲んだ。帰宅した良医が良薬を与えようとするが、中には毒薬のせいで正気を失って良薬をこばむ子どももいた。良医が再び旅に出て自分が死んだという嘘の知らせを伝えさせると、驚いて迷いから覚めた子どもたちは本心に戻り、良薬を飲んで苦しみから解放された。釈迦の入滅も衆生救済の方便だったのである。

変わってきます。後半には「仏塔供養よりも、『法華経』自体を崇め奉ることこそがブッダになるための一番の功徳である」という言葉が登場してくるのです。

このあたりは『般若経』と似ています。『般若経』も、最初はブッダになるためには善行が大切であると説きながら、「経典を読み、書き写すことこそがブッダになるための力になる」という方向に向かっていきましたよね。『法華経』も同じで、最終的には、お経自体にパワーがあり、それを崇めることこそがブッダになるための近道であると説くようになったのです。

青年　結局は「お経を崇めよ」に行き着いたというわけですか。ということは、『法華経』は『般若経』のアイデアを、そのまま自分たちの教えに取り入れたというわけですか?

講師　おそらく、最初に『法華経』を作った人はお経自体にパワーがあるとは考えていなかったのでしょうが、のちの人が『法華経』を世の中に広めようとして「お経を崇めよ」というブースター（増幅器）を新たに導入したのだと思います。

『般若経』もそうですが、お経自体に力があってそれを拝むことに功徳があるとすれば、どんどんお経はコピーされて広まっていきます。教えを広めたいと思っている人々にとっては、そのほうが仏塔供養を推奨するよりもはるかに効果的です。

このように、『法華経』も『般若経』もお経自体にパワーがあると考えた点では同じなのですが、じつは『法華経』においては、『般若経』よりもさらに経典の存在が絶対的なものになっています。前講でご説明した『般若経』の「空」の概念は覚えていらっしゃいますか？

青年 輪廻の世界でしか使えないと思われていた「業」のエネルギーを、ブッダになるためにも使えるシステムが「因果律」の裏側に隠されていた、というのが『般若経』における「空」の考え方でしたよね？

講師 そうです。「空」というシステムがあるからこそ、出家修行しなくても誰もがブッダへの道を歩むことが可能になったという点では、「空」は大乗仏教にとっては欠かすことのできない重要な概念だったはずです。しかし、『法華経』には不思議なことに「空」というキーワードがほとんど登場してこないのです。

青年 『法華経』が「空」の概念を重視しなくなったことと、お経が絶対的な力を持つようになったことに何か関係があるのですか？

講師 『法華経』は、経典自身が持つパワーを絶対的なもの、理屈を超えた不可思議なものと位置づけたことで、「空」の概念による理屈づけを跳び越えてしまったのです。「あれこれ考えなくても、このお経を信奉すれば、それであらゆる問題は解決する。このお経を讃えながら暮らすことが、ブッダへと向かう菩薩の道だ」と主張します。その当然の結果として『法華経』では、「絶対的な力が『法華経』にあるのならば現世利益《げんぜりやく》にもつながるはずだ。お経を拝みさえすれば、病気も治るし、豊かな生活も送れるようになる」と考えるようになっていったのです。

実際に『法華経』の中には「『法華経』を憶《おぼ》え、読経《どきょう》し、人に説き、写し書きする者は、眼、耳、鼻、舌、身体、心に多くの美点を得る」といった現世利益についての効能書きがはっきりと示されています。

青年 すごい話になってきましたね。『法華経』を拝めば、悟りを開いてブッダになれるだけではなく、病気も治るし、美女や美男にもなれてしまう。まさに『法華経』は万能薬というわけですか。現世利益につながるのは有り難いですが、そこまで言われるとなんとなく疑わしくも感じてしまいますね。

講師 『法華経』の絶対的な教えに疑問を抱く人は少なくありません。江戸時代の国学者の平田篤胤《あつたね》(一七七六〜一八四三)は、「『法華経』は薬屋に行って薬を買ってきたはいいが、中身を忘れて効能書きだけを持って帰ったようなものだ。何をしたらいいのかについては触れられておらず、『法華経』は有り難い、とばかり言っているではないか」と痛烈に批判しています。また、近代の歴史学者の津田左右吉《そうきち》（一八七三〜一九六一）や倫理学者の和辻《わつじ》哲郎（一八八九〜一九六〇）らも同様に、『法華経』に対して否定的な見解を示しました。

全体を通して読むと、「これこれこういうことをしなさい」とはほとんど言わずに「このお経はとても優れた、有り難いお経である」とばかり言っているのは事実です。しかし、その部分だけを挙げて批判することが正しいとはかぎりません。なぜなら『法華経』が「お経を崇めよ」といった裏側には、「『法華経』の神秘性を信じて、自分が菩薩であることを自覚しなさい」という悟りへの思いがちゃんと込められているからです。

実際に、『法華経』の信者さんの多くは、『法華経』を広めることが菩薩である自分の仕事と考えています。『法華経』が説く世界をこの世に実現することが、彼らの最大の目的です。

青年　確かに『法華経』と聞くと、布教活動に熱心なイメージがあります。

講師　それが、『法華経』が批判されやすいもう一つの理由ですね。宗教に興味がない人にとっては迷惑な話かもしれませんが、じつはそのような熱心な勧誘の努力も、『法華経』の教えからすれば正しいことなのです。

『法華経』では「迫害を受けている状況こそが、『法華経』の正しさの証拠である」と考えます。真実を説くお経は、俗世の愚かな人々の目には邪説のように映って、迫害の対象になるものだと言うのです。日蓮宗開祖の日蓮も数々の法難に遭いましたが、法難に遭うこと自体がお経の正しさを証明しているということが『法華経』の中に書かれています。「常不軽菩薩品《じょうふきょうぼさつほん》」という章がそれです。

この章に登場する常不軽菩薩という人物は、お釈迦様の過去世における、修行時代の姿とされています。常不軽菩薩は誰かと会うたびに「私はあなた方を軽蔑しないし、あなた方は人に軽んじられるような人間ではありません。同じ菩薩道を歩んでいて、やがてはブッダとなることが約束されているので心配しないでください」と語りかけます。

それを聞いた人たちは、突然にそのようなことを言われてもわけがわからないので「よけいなお世話だ。ばかなことを言うな」と罵《ののし》りますが、彼はめげることなく『法華経』の教えを説きます。そしてやがて、彼は立派なブッダとなって人々の尊敬を集めることになるのです。

青年　それは、嫌がられたり迷惑がられたりすることが、『法華経』信者にとっては一種の功徳になるということですか？

講師　そうです。彼らにとっては「お経に書かれている教えに従っている」という確固たる信念があるので、批判や糾弾《きゅうだん》をさほど気にしません。『法華経』の熱心な信者だった宮沢賢治（一八九六〜一九三三）を思い浮かべてみればよいでしょう。

彼の短篇童話に「虔十公園林《けんじゅうこうえんりん》」という作品があります。知的障害をもつ主人公の虔十少年が、村人に冷笑され、迫害を受けながら杉林を育てるという話ですが、この虔十少年のモデルが常不軽菩薩です。まわりの人たちからどれほど軽んじられても、「なんとかして人々を救いたい」と願う虔十の思いの根底にあったのは、『法華経』の世界観にほかなりません。

死んだふりをしたお釈迦様

講師　さて、話が少々飛んでしまったので本題に戻しましょう。

『法華経』には「一仏乗」と並んで、もう一つ重要なキーワードが示されています。それが、後半の「如来寿量品《にょらいじゅりょうほん》」にある「久遠実成《くおんじつじょう》」と呼ばれる教えです。久遠実成とは、ひとことで言うと「お釈迦様は永遠の過去から悟りを開いたブッダとして存在していて、じつは死んではおらず、私たちのまわりに常に存在している」という考え方のことを指します。

青年　お釈迦様が今も生きておられるとはびっくりな話ですね。お釈迦様は三十五歳で菩提樹の下で悟りを開き、弟子や民衆に教えを説いて八十歳で亡くなったのではないのですか？

講師　これもややこしい話なのですが、じつは『法華経』の前半部分では、お釈迦様は亡くなられたことになっています。「お釈迦様はすでにこの世にはいないけれど、『法華経』がお釈迦様に代わって、あなた方の菩薩としての存在を保証してくれているので安心してください」という話が前半に書かれていますから、『法華経』ではもともと、お釈迦様は死んだと考えていたことがわかります。

ところが後半になると、「ブッダ（釈迦）は悟ってからも無限の寿命を持ち、入滅する（死ぬ）ことなく教えを説く。ブッダとは時空を超えた永遠の存在であり、どんな場所、いつの時代でも人々の前に現れてみんなを救うことができるのだ」という話が、お釈迦様自身の口から語られているのです。そうなるとお釈迦様は死んではいないことになってしまいますよね。

青年　要するにお釈迦様は、本当は永遠の命を持っていたのに、弟子たちの前では死んだふりをしたということでしょうか？

講師 そうなりますね。さらに後半部分で、お釈迦様は「世間では私のことを、仏伝の中で語られるような人生を送って悟りを開いた、と思っているようだが、それは違う。私はじつは、君たちが考えも及ばないほど遠い昔に菩薩道を行じてブッダとなり、それ以来つねに娑婆世界にあって法を説き、人々を教化してきたのだ」とも告白しています。

青年 ということは、お釈迦様が菩提樹の下で悟りを開いたという出来事すらも、ただのパフォーマンスだったということになってしまいますね。どうして、そんな面倒な芝居を見せる必要があったのでしょうか？

講師 その理由をお釈迦様はこう述べています。「私がこの世に現れて悟りを開く姿をみんなに見せたのは、具体的な救いの方法を示すためであり、わざわざ死んだふりをしたのは、私がいつもそばにいるとわかると人々は安心してしまい、修行を怠ってしまうと考えたからだ」と。

これも『般若経』の教えを超えたいという後世の人の思いがあって、書き加えられたものでしょう。すでにお話ししたように『法華経』では、「お釈迦様が亡くなったあとは、お経がブッダの代わりをしてくれる」と考えていたのですが、そのままでは『般若経』の教え、つまり「経典」イコール「ブッダの本体」であるという考えと同じになってしまうので超えることができない。それで「久遠実成」という考え方を新たに持ってきたわけです。

ブッダが死んではおらず、常にこの世界にいると仮定すれば、私たちはいつでもブッダを供養することが可能となります。大乗仏教では「ブッダを崇めることこそが最高の善行である」ととらえたので、ブッダにいつでも会えるとなると、格段にブッダになるまでのスピードが速まります。先ほど「自動車にたとえると、『法華経』も『般若経』も同型のエンジンを積んでいる」というお話が出ましたが、「久遠実成」という考えを作り出したことにより、『法華経』のエンジンにはターボチャージャーが搭載されることになったと考えてみればよいのではないでしょうか。

大乗経典は「加上」して作られていった

青年　よりスピーディーに悟りを開ける方向へとお経が進化していったのは悪い話ではないと思いますが、『法華経』は『般若経』を超えようとするあまり、お釈迦様のオリジナルの教えとは、ずいぶんかけ離れた方向に向かっていったように感じられますね。

講師　そうですね。初転法輪を書き換えて、さらにお釈迦様を久遠の存在に仕立て上げてしまった時点で、オリジナルの教えとはまるで違ったものになってしまっています。しかし、新しく作られたお経ほどオリジナルから遠ざかっていくのは、ある種の宿命と言えるでしょう。

富永仲基《とみながなかもと》（一七一五〜一七四六）という江戸時代の学者が、こうしたお経の成り立ちに注目して「加上《かじょう》の説《せつ》」というものをとなえています。「すべての思想や宗教は前にあったものを超えようとして、それに上乗せしながら作られていった」と考えるのが、富永の加上の説です。

この論理を使って彼は「大乗非仏説論」（大乗仏教はお釈迦様が自ら説いたものではなく後世の産物であるという説）を展開したため、日本の仏教界ではあまり支持されていませんが、すべてのことを合理的に考えたという点においては、もっと評価されてしかるべき人物だと私は思っています。

青年　すべてを合理的にとらえたということは、富永仲基は仏教全体を否定したということですか？

講師　いやいや、彼は決してお釈迦様の存在や仏教の教えを否定したわけではありません。

お釈迦様の存在は超自然的なものではなく、実在した人間として、お釈迦様のオリジナルの教えについてはしっかりと認めていたのです。

富永は、どうしても「大乗仏教を否定した」という部分にばかり注目が集まるのですが、彼の本当の素晴らしさは学問に対する真摯《しんし》な姿勢にあります。当時は自分のイデオロギーを裏づけるために学問するという姿勢が当たり前だったのにもかかわらず、富永のスタンスはそれとは全く異なります。自分の先入観や偏見にとらわれずに、現象をそのまま記述していくのが彼の研究スタイルでした。

富永は、仏教経典を研究する際にも、誰かが意図を持って書いたものをその意図にあやつられながら読むのではなく、「真実は歴史の裏に隠れている」と考えて、冷静な目で膨大なお経を読んでいきました。そしてその果てに行き着いたのが「加上の説」だったのです。

こうした姿勢はあらゆる研究の基本ともなるはずです。たとえば今回の『法華経』の場合、全体を漠然と読んでいても、あまりに様々な人の意図がそこに加えられているため、教えの本質は見えてきません。歴史的にどこが最初に書かれた部分であるのかにまずは注目し、それがなぜ書かれたのかを歴史を遡《さかのぼ》って考えていく。そうしたプロセスを踏んでこそ、今まで見えなかったものがはっきりと見えてくると私は思います。

青年　それが正しい研究のスタンスだというのは理解できますが、そうやって突き詰めていくと、やはり最終的には「釈迦の仏教」だけが真実で、『般若経』も『法華経』も偽物ということになってしまいませんか？

講師　この講義の最初に申し上げたことの繰り返しになりますが、私はどの経典が正しくて、どれが正しくないという議論をするつもりは毛頭ありません。そのお経によって救われる人が一人でもいたなら、それは正しい教えだと言えます。

特に『法華経』は「常不軽菩薩」の話にもあるように、「誰からも認めてもらえない、苦労しても報われない姿こそが菩薩の正しい姿である」ととらえたため、本当に辛い状況にある人にとっては大きな心の支えとなるはずです。また、「南無妙法蓮華経という題目をとなえさえすればすべてがうまくいく」という教えも、病気や貧困に苦しんでいる人にとっては、明日を生きる希望につながっていきます。『法華経』は社会を変える力があると信じられたからこそ、多くの人に支持されたのでしょう。

冷静な目で見ると、『法華経』はもはや「ブッダ信仰」ではなく、お経そのものを信じる「『法華経』信仰」に変容してしまっていますが、本来のお釈迦様の教えから離れていったことで、逆に今まで救うことができなかった人を救えるようになったと考えるならば、それは一方ではプラスの進化ととらえることもできます。それを無理に「釈迦の仏教」に結合しようとすると、いろいろな理屈を使って強弁せざるを得なくなり、かえってお経の価値を損なうことにもなるのです。

第四講　浄土教――阿弥陀と極楽の誕生

なぜ浄土教は日本に広まったのか？

講師 今回は、大乗仏教の中でも、これまで見てきた経典とはかなり異なる教えを説くお経について解説していきます。いきなりの質問で恐縮ですが、あなたは自分が死んだあとには、どんな世界が待っていると思っていらっしゃいますか？

青年 個人的には人間は死んだらそれでおしまいで、死後の世界なんてものは存在しないと思っています。でも口ではそう言いながら、心のどこかに「天国や極楽のようなところに行けたらいいいな」という気持ちがあるのは否めませんね。

講師 あなたのような三十代の方でもそう思うのですから、あなたのおじいさんやおばあさんの世代の人たちであれば、「死後は極楽に行ける」と思っていらっしゃるかもしれませんね。そうした考え方のおおもとになった教えが、今回お話しする「浄土教（浄土信仰）」です。

浄土教とは、ひとことで言えば「阿弥陀仏がいらっしゃる極楽浄土へと往生する」ことを説く教えのことです。阿弥陀様のパワーを信じることが基本となるため「阿弥陀信仰」とも呼ばれています。そう言えば、この講義を始める時に、あなたのご実家は浄土宗か浄土真宗であるとおっしゃっていましたね？

図9　浄土三部経

『無量寿経』（大経）

「浄土三部経」の中で最大の経典。過去世での修行者（法蔵菩薩）時代に阿弥陀仏が立てた衆生済度の誓願「四十八願」を説く。

『観無量寿経』（観経）

極楽浄土に生まれるための十六種の観法を説き、中でも第十四〜十六観は、凡夫でも阿弥陀仏を念ずれば往生できると説く。

『阿弥陀経』（小経）

阿弥陀仏と極楽浄土の美しいありさまを描く。三部経の中で最も短く、読誦用に広く用いられる。

青年　お坊さんが「南無阿弥陀仏」ととなえていましたからね。亡くなった祖母も意味まで知っていたかどうかはわかりませんが、よく「ナンマンダブ、ナンマンダブ」と言って手を合わせていました。浄土教というのは、日本の浄土宗あるいは浄土真宗の教えのもととなったものですよね？

講師　そうですね。日本で浄土教系の宗派と言えば、法然の説いた浄土宗、親鸞の浄土真宗、一遍《いっぺん》（一二三九～一二八九）の時宗《じしゅう》が有名ですが、良《りょう》忍《にん》（一〇七二～一一三二）の融通念仏宗や天台宗も、その教義の中に浄土信仰を取り入れています。

　代表的な経典には『無量寿経《むりょうじゅきょう》』『観無量寿《かんむりょうじゅ》経《きょう》』『阿弥陀経《あみだきょう》』の三つがあり、日本ではこれらをまとめて「浄土三部経」と呼んでいます。『般若経』や『法華経』のような経典そのものの力というよりも、阿弥陀仏への信仰に力点を置いた教えなので、今回の講義では「浄土教」という括《くく》りで見ていきます。

青年 これまでの講義の流れからすると、成立年代としては『般若経』→『法華経』→浄土教の順と考えてよいのですか？

講師 「浄土三部経」で言えば、『観無量寿経』はインドでの成立が疑問視されており、中国で創作されたのだろうと考えられていますが、『無量寿経』と『阿弥陀経』については『法華経』とほぼ同じ頃の成立とされています。最近の研究では、ガンダーラ地方で阿弥陀を示すと思われる碑文が発見されたことから、紀元一世紀頃には教えそのものは成立していたと思われます。

これらの経典が日本に伝わったのは飛鳥時代の頃ですが、その教えが定着することになったのは、やはり『法華経』と同じく比叡山延暦寺が開かれて以降です。九世紀に中国で五会《ごえ》念仏を学び、帰国して天台浄土教の基本を作った円仁《えんにん》（七九四〜八六四）や、十世紀半ばに京の町を中心に遊行遍歴して教えを説いた空也《くうや》（九〇三〜九七二）や、ほぼ同時期に『往生要集《おうじょうようしゅう》』を著した源信《げんしん》（九四二〜一〇一七）らが日本の浄土教のルーツと言えますが、大衆に広めたキーパーソンは、なんと言っても法然と親鸞でしょう。

平安時代末期から鎌倉時代にかけて、法然の浄土宗と、その弟子・親鸞の浄土真宗が開かれたのを機に、浄土教の教えは庶民を中心に爆発的な勢いで拡大していきます。この流れは今も続いていて、現在の日本の仏教宗派で信者数が最も多いのが浄土真宗です。

青年 ほかにも数多くの仏教宗派がある中で、なぜ、浄土教系の宗派がそれほどまでに多くの民衆の心をつかむことになったのですか？

講師 平安時代末期の日本は、律令制国家が崩れて貴族の権力が弱まったことで、まさに乱世の様相を呈しはじめていました。仏教界も堕落《だらく》し、寺院が僧兵をかかえて寺同士が争うようになっていきます。さらに毎年のように各地で天災が続いて大凶作や飢饉《ききん》が起こり、大量の病死者や餓死者が続出するようにもなっていました。こうした生きるのが困難な社会になるにつれ、世の中には「末法《まっぽう》思想」が流行しはじめます。末法思想についてはご存知ですね？

青年 お釈迦様の教えが意味をなさなくなった荒廃した時代、「世界の終わり」という意味だったと思いますが。

講師 おおよそそれで合っていますが、少し説明を加えておきましょう。末法思想とは、「お釈迦様が亡くなってしばらくすると、正しい仏教の教えが衰退し、現世で悟りを開くのが不可能な時代が訪れる（末法の時代が訪れる）」という仏教の予言・歴史観のことを指します。

日本では、比叡山を開いた最澄が書いたと言われている『末法灯明記《まつぽうとうみようき》』の中で、永承《えいしよう》七年（一〇五二）から末法の時代に突入する、と説かれていたので、平安末期はすでに末法の時代に入ったことになります。それを知った当時の人々は、荒廃が進む世の中と、末法の時代の到来を結びつけて考えるようになり、恐れを抱くようになっていきました。

貧困や飢餓に苦しんでいた民衆は、やがて「ここではない別の世界に逃げたい」と強く願うようになります。そう考えるのも当然で、末法思想では「この世には救いはない。現世で悟るのは不可能だ」と言っているので、苦しみから逃れるためにはどこか別の世界に逃げ出すしか道は残されていません。

そんな時代に浄土教では、修行などは一切不要であると言い、「南無阿弥陀仏という言葉をとなえさえすれば、誰もが極楽に往生して成仏できる」と説きました。つまり、『般若経』や『法華経』が示した悟りの方法よりも、はるかに簡単かつスピーディーにブッダになる方法を示したことで、多くの人が信者になったのです。

そこには「自分で努力しなくても阿弥陀様が救いの手を差し伸べてくれる」という他力本願の思想が大きく関係しています。貧困や飢餓に苦しんでいる人々は修行に励む気力もなければ、寺に寄進する財力もありません。そんなどん底の状況にある人でも、救われる道があることを示したからこそ、浄土教は民衆の間に爆発的に広がっていったのです。

青年　なるほど。『般若経』や『法華経』は最終的には「お経を読め、お経をとなえよ」という平易な方向に向かったと言っても、お経を読まなければ話にならない。対して浄土教は「南無阿弥陀仏」ととなえればいいわけですから、それは広がりますよね。

でも、前の二つと比べてずいぶん趣《おもむき》が違いますね。本当に同じ大乗仏教なのですか？

講師　そう、その違いをこれから解説していきたいと思います。大乗仏教という同じ括りでありながら、浄土教の教えは『般若経』や『法華経』の教えとは全くの別ものです。大乗仏教の多様性を知るための恰好の題材となりますので、一緒に考えていきましょう。

時間軸ではなく空間軸の広がりに注目した

講師　まず、『般若経』や『法華経』との共通点から申し上げると、共通しているのは基本的な「悟りに至るプロセス」だけです。『般若経』と『法華経』では「私たちはまず、どこかでブッダと出会い→これから自分もブッダを目指して修行に励むことをそのブッダの前で誓い→菩薩（ブッダ候補生）になり→菩薩修行を続けて→やがて悟りを開きブッダとなる」と考えましたよね。この考え方は浄土教でも同じです。

しかし、ブッダになるための前段階である「菩薩になるための方法」が、『般若経』や『法華経』とは全く異なっています。『般若経』や『法華経』では菩薩になる方法をどう説いたのか、覚えていらっしゃいますか？

青年 方法も何も……『般若経』や『法華経』では、過去に私たちはブッダと出会っているのだから、すでに私たちは菩薩である、と考えたのですよね？

講師 そのとおりです。一方の浄土教はどう考えたかというと、「私たちはまだ菩薩にはなっておらず、これからブッダと出会い菩薩になる」ととらえました。

青年 浄土教は過去ではなく未来に注目したというわけですか。でもそうなると、すでにこの世にはお釈迦様はいないのだから、私たちは現時点ではブッダに会えないことになってしまいますよね。それに、たとえ生まれ変わったとしても、そう簡単にはブッダに出会えないでしょうし……。

講師 「釈迦の仏教」では、お釈迦様の入滅後はブッダ不在の時期が続き、五十六億七千万年後に弥勒菩薩が現れて次のブッダに就任することになっています。

そうすると、たとえ未来でブッダに出会えるとしてもそれまでの間、私たちは想像を絶する回数の生まれ変わり死に変わりを繰り返さないと菩薩になれません。そこで浄土教では、なんとかブッダと今すぐ出会える方法はないものかと考えた末に、いわゆる「パラレルワールド」の概念を新たに創造することにしたのです。

青年　SF映画やファンタジー小説によく登場する「この世界とは別の世界が、並行して存在している」というのが、その世界観ですよね。近年の物理学界でも「理論的にはパラレルワールドは実在する」という学説をとなえる人がいると聞いたことがあります。

講師　よくご存知ですね。浄土教ではそれと似た考え方を持ち出して「私たちが生きているこの世界とは別の場所に、無限の多世界が存在している」と、まずはとらえることにしたのです。つまり、『般若経』や『法華経』が「時間軸」に注目したのに対して、浄土教は「空間軸」の広がりに目を向けたのです。*

そして、その多世界にはブッダがいる世界といない世界の二つが存在すると仮定して、ブッダのいる世界を「仏国土《ぶっこくど》」と呼びました。もし死んですぐに仏国土に生まれ変わるこ

＊『般若経』『法華経』でも多世界の存在は想定されているが、それがわれわれの成仏に役立つとは考えない。むしろ「このわれわれの娑婆世界の中で成仏のプロセスは完結している」という主張を際立たせるための単なる引き立て役として用いられている。

とができれば、何十億年も待たずとも私たちはブッダと出会って、すぐに菩薩修行をスタートすることが可能というわけです。古代インドに、すでにパラレルワールドの概念を夢想した人がいたことには驚きを禁じえません。

菩薩修行に最も適した仏国土――極楽浄土

青年 私たちの住んでいる世界の外側に、別の世界を置いたというのは理解できましたが、ブッダがいる仏国土が無数に存在するとなると、どこに生まれ変わればよいのか迷ってしまいそうですね。それぞれの仏国土には、何か違いがあるのですか？

講師 浄土教では、仏国土には修行に適した世界と適さない世界があると考えて、さらに理想の世界を追求していきました。理想の世界には、第一にブッダがいることが条件ですが、もう一つ、浄土教が理想の仏国土の必須条件として掲げたのが、「その世界にブッダになるための設備がきちんと整っていること」です。

青年 ブッダになるための設備？　おっしゃっている意味がよくわかりません。どこかの世界に、ブッダ養成所やブッダ専門学校のようなものが存在するとでも言うのですか？

講師 こんなふうに考えてみてください。

まずブッダがいる世界に行けば、そのブッダの前で誓願を立てることができるのですから、確実に菩薩にはなれますよね。しかしそこで終わりではなく、菩薩として認められたあとは、ブッダになるための修行が必要となります。要するにここで言っている「ブッダになるための設備」とは、菩薩修行をより円滑にスピーディーに行える環境が整っているかどうかを意味しています。

では、あなたはその世界をどのようにイメージしますか？

青年 いきなり難しいことをお尋ねになりますね。これまでの講義から考えると、菩薩修行とは善行（人助け）を積むことだったはずですから、「助けてもらいたい人々がたくさんいる世界」が修行に適した世界ということではないですか？

講師 大乗仏教の初期の考え方で言えばそれで正しいのですが、浄土教ではそうは考えませんでした。『般若経』も『法華経』も、「人助けが修行になる」という本来の考えを修正して、最終的には「ブッダや、お経そのものを崇めることが最も功徳になる」と説くようになりましたよね。

じつは浄土教も「人助けよりも、聖なるものを崇拝することこそが最も効果的な修行になる」ととらえて、「ブッダを拝むという行為が簡単に行える場所」を理想の世界としたのです。

青年　とすると、ブッダがいる世界に生まれ変われたとしたら、いつでもブッダを拝めるはずですよね。であるならば、どこの仏国土に生まれたとしてもその条件は満たされていることになりませんか？

講師　仏教では一つの世界（仏国土）には、一人のブッダしかいないことになっているので、一般的な仏国土に生まれ変わっても、ブッダを拝む機会は限られてしまいます。そこで浄土教では、「別のブッダがいる仏国土へも自由に行き来できる装置」が完備された仏国土を理想世界と考えました。様々なブッダを拝めば拝むほど、自分がブッダになるためのエネルギーが溜まっていくことになるため、そうした装置のある世界にいれば一人のブッダを拝んでいる時よりも、成仏するのが格段に早まることになるわけです。

浄土教では、その環境が完備された世界を「極楽浄土」と呼びました。そして、その極楽浄土の中心人物こそが阿弥陀様なのです。

青年　でも、なぜ浄土教では阿弥陀様の住む極楽浄土にだけ修行のための環境が整っていると考えたのですか？　私たちの住む世界にもお釈迦様というブッダがいらっしゃったのだから、同じような環境がこの世界に整えられていても不思議はないはずですよね？

講師　浄土教では、お釈迦様よりも阿弥陀様のほうがはるかに立派な存在だととらえるのです。しかし、阿弥陀様が立派だったとしても、その阿弥陀様が住んでいる世界まで立派になるというのは妙な話ですよね。人格的に素晴らしい人が必ずしも豪邸に住んでいるとはかぎりません。

なぜ阿弥陀仏の世界は、ほかの仏国土よりもよい環境が整っているのか。その理由は、阿弥陀様が菩薩修行に入る際に（この時は「法蔵《ほうぞう》菩薩」という名前でした）先輩のブッダ（「世自在王仏《せじざいおうぶつ》」と言います）と交わした「誓願」の内容にあるのです。

お釈迦様も、はじめは私たちと同じ凡夫であったが、過去にブッダと出会って誓いを立て、菩薩になった——という考えは第一講でもお話ししました。お釈迦様は過去のブッダ（燃灯仏）と最初に出会った時に、どんな誓いを立てたか覚えていらっしゃいますか？

青年　「あなたのようなブッダに私もなりたいので努力します」と誓いを立て、それを過去のブッダが認めて「お前は将来必ずブッダとなるであろう。がんばりなさい」とお墨付きを与えてくれたのでしたね？

講師　そうです。しかし、阿弥陀様の場合はそれとは違っています。

「浄土三部経」の中の主要経典である『無量寿経』を読むと、阿弥陀様は誓願の時、先輩のブッダに向かって「あなたのようなブッダになりたい」とお願いするとともに、四十八の願掛け（四十八願）を行い、「もしブッダになるための修行を終えたとしても、その私の仏国土が、どこよりも素晴らしいものになるまでは、私はブッダになりません」と誓ったと言うのです。つまり、自分がブッダになることを誓っただけでなく、他者の菩薩行に役立つ世界を構築することまで誓ったのです。

先ほどの「いろんな仏国土に行き来して、簡単に大勢のブッダを崇めることができるようにします」という願掛けのほか、「生き物が地獄・餓鬼・畜生には生まれ変わらない世界にします」「人々の美醜の差がない世界にします」といった様々なことが四十八願に書かれています。

こうした「世界をよくするための誓願」を立て、それを実現してくださったからこそ、阿弥陀様の住む極楽浄土は、私たちの住む世界より立派なものになった、と浄土教では考えたのです。これにより阿弥陀様は、菩薩として修行を始めたその最初の段階から、自分の悟りだけでなく、すべての生き物の成仏を願っておられた、ということになるのです。

仏道修行で世界を変えた阿弥陀仏

青年　確かに、自分のことよりも世界をよくすることを第一に考えたという点では、お釈迦様よりも阿弥陀様のほうが立派だと言ってよいのかもしれませんね。

でも、政治家になって世界を変えるというのなら納得がいきますが、仏道修行で世界を変えることなど可能なのでしょうか？

講師　「釈迦の仏教」の「業」は、それを行った本人にしか結果が返ってこないと定義されていたので、もともとは「仏道修行で世界を変えることはできない」と考えられていたはずです。それを浄土教がなぜ可能と考えたのかについては具体的な状況はわかりませんが、私は、大乗仏教が作られた頃に新しく生まれた「共業《ぐうごう》」という考え方が浄土教に関係していると思っています。

共業とは、「個人の業以外にも、みんなが共通に出し合う業が存在していて、それが世界の在り方に影響を及ぼしている」という考え方です。わかりやすく言えば、みんなが悪いことばかりしていると飢饉や災害が起こり、逆にみんなが善い行いを積むと平穏安泰な世界が訪れるというものです。こうした個人の業と世界の在り方をリンクさせる考え方が、ちょうど浄土教の成立前に出てきたという事実は無視できないと思います。

青年　しかし、浄土教の場合は、みんなの業の力を結集して世界を変えたのではなく、阿弥陀様一人の業の力で世界を変えたことになっていますよね。だとすると、阿弥陀様はお釈迦様よりもはるかに一生懸命修行したということになりませんか？

講師 ブッダになるためのポイントを貯めただけでは、世界は変わりませんからね。ブッダになるのに必要なポイント以上の大量のポイントを貯めて、余分のポイントを世界変革のために使ったと考えるならば、おっしゃるとおり、阿弥陀様の修行はお釈迦様以上だったということになるでしょう。

青年 ところで、今回の先生のお話では、肝心要《かなめ》のお釈迦様の話題がほとんど出てこないのが気になっていたのですが、浄土教ではお釈迦様をどのように位置づけているのですか？

講師 「浄土三部経」で言えば、『無量寿経』『阿弥陀経』ともに、お釈迦様の口から教えが語られますから、もちろんお釈迦様が主人公です。しかし、浄土教経典の中のお釈迦様は、「君たちは知らないようだが、じつは阿弥陀様という偉いお方がおられる素晴らしい世界があるのだ」ということを弟子に伝える「伝令」の役回りで、直接の信仰の対象にはなっていません。浄土教における信仰対象はお釈迦様ではなく、あくまでも阿弥陀様です。

先ほど申し上げたように、浄土教ではお釈迦様よりも阿弥陀様のほうがはるかにレベルの高いブッダになっていますから、お釈迦様の存在は希薄なのです。

青年　では逆に、「釈迦の仏教」に阿弥陀様は登場しないのですか？　それよりも古い「釈迦の仏教」には出てきません。

講師　阿弥陀様は大乗仏教が創作したブッダですから、それよりも古い「釈迦の仏教」には出てきません。サンスクリット語の呼び名は「アミターバ」または「アミターユス」で、「アミタ」というのは「途方もない量」、そして「アーバ」が「光」、「アーユス」が「命」を意味するので、日本語に訳すとアミターバは「無限の光（無量光）」、アミターユスは「無限の寿命（無量寿）」となります。

では、なぜ阿弥陀様が突如ブッダとして登場してきたのか？　この理由についても、西方から異文化が流入してきたことで、仏教とは関係のない別の宗教の神が新たにブッダと見なされるようになったという説や、ゾロアスター教を起源とするなどの諸説があって、はっきりとはわかりません。

いずれにしても、大乗仏教の時代になると「お釈迦様だけが唯一のブッダである」という考え方は薄れてゆき、阿弥陀仏以外にも大日《だいにち》、薬師《やくし》、阿閦《あしゆく》など、様々なブッダが登場してきます。パラレルワールドの概念が作られて「世界は無数に存在する」という話になったことで、タガがはずれてブッダの数は増殖していったのです。

「南無阿弥陀仏」をとなえるだけでいい

青年　ところで、その素晴らしいとされる極楽浄土に往生するためには、どんな修行をすればよいのですか？

講師　今回の講義の冒頭でお話ししたように、浄土教では「浄土に行くための修行は一切必要ない」と言います。浄土教でも初期の経典ですと、それなりの修行を積まねば極楽に行くことはできないと言っていたのですが、次第に誓願の力が絶対視されるようになり、修行の必要性が否定されていったのです。

ただひたすら極楽浄土に往生することを願い、「南無阿弥陀仏」ととなえればよいのです。「南無」は「お任せします」という意味なので、「南無阿弥陀仏」、すなわち「阿弥陀仏におすがりします」と心から念じさえすれば、誰もが一足飛び《いっそく》びに極楽浄土に行けるというわけです。

こうした「自力で浄土に行くのではなく、阿弥陀様が私たちを浄土に連れていってくれる」という「他力本願」の考えこそが、浄土教とほかのお経との大きな違いで、多くの人をひきつけた一番の理由でしょう。

青年　浄土教が「他力本願」の教えを基本に置いたということはよくわかります。でも、『般若経』や『法華経』も、お経の神秘的なパワーに頼って悟りに近づこうとしたという点では、同じように「他力」の教えとは言えないのですか？

講師　確かに、『般若経』や『法華経』にも「他力」に頼っている部分はあります。ただし、両者ともに「日々の善行が悟りのエネルギーに使える」という考え方をベースにしていましたから、「自力」の割合がまだ大きかったと言えます。それに対して浄土教は、善行さえも不要で、善人であっても悪人であっても分け隔てなく救われると説いたわけですから、明らかに前の二つとは「他力」の度合いが異なるのです。

青年　いわゆる、親鸞の「悪人正機説《あくにんしょうき》」ですね。あの考え方の意味が私にはよくわかりません。浄土教では、なぜ悪人も救われるなどと言っているのですか？

講師　親鸞の指した「悪人」とは、煩悩にまみれていて、いくら自力で修行をしても抜け出せない人たちのことを言いますから、浄土教はそういう人をも救ってくれる「懐《ふところ》の深い（他力の）教え」だと伝えたかったのでしょう。

先ほど「四十八願」について触れましたが、その中で最も重要とされたのが第十八願と第十九願で、阿弥陀様が語った次のような願掛けが記されています。

「もし私が悟りを開いたとしても、ほかの世界にいる人々が、私の浄土に往生したいと心

の底から願って十度念仏をとなえても、その人が往生できないようでしたら、私はブッダになりません

「もし私が悟りを開いたとしても、ほかの世界にいる人々が、私の浄土に往生したいと心の底から願って私のことを念じているのに、その人の臨終の時に、私がその人を迎えに行かないようでしたら、私はブッダにはなりません」

この二つの誓願を読むと「南無阿弥陀仏」と念仏を何度かとなえただけで、誰もが極楽浄土に往生できるということが、あらかじめ阿弥陀様と先輩のブッダ（世自在王仏）との間で約束されていたことがわかります。阿弥陀様はこの本願を完全に成就し、それによってブッダになったわけですから、この願掛けはすでにかなえられたということになるのです。

青年　重箱の隅《すみ》をつつくようで恐縮ですが、ここで阿弥陀様は「何もしなくていい」とは言っていませんよね。「極楽浄土に往生したいと願って私のことを念ずる」というのは、自分でなんらかの行動を起こす、つまり「自力」ということにはならないのですか?

講師　浄土宗を開いた法然は、おそらくあなたと同様の解釈をしたのでしょう。彼は「極楽浄土に行くには往生したいと自ら願い、念仏をとなえることが大切だ」と説きました。

しかし、親鸞の浄土真宗になると他力の度合いが強まっていき、「わざわざ願わずとも、阿弥陀様のほうから手を差し伸べて浄土に呼び寄せてくれるのだから、私たちは何もする必要はない」と考えるようになっていきました。

そうなると念仏をとなえる意味も変化します。「すでに私たちは極楽に行くことが約束されているのだから、念仏は願うためではなく感謝のためにとなえるのだ」と親鸞は説いています。

青年　何もせずとも阿弥陀様が極楽浄土に連れていってくれるのであれば、善行をブッダになるためのエネルギーに転換した「空」の概念もいらないことになりませんか？

講師　おっしゃるとおり、阿弥陀様の力を信じる人にとっては「空」の概念は不要です。とは言っても、浄土教は「空」を完全に無視したわけではありません。阿弥陀様が修行によって世界を素晴らしいものに作り変えたというストーリーは、「空」なくしては説明がつきませんからね。世界を変えるためには、自分の行いが輪廻以外のなんらかの結果と結びつくことを説明する必要がありますが、ここに「空」の思想が効いています。

しかし、それはあくまで阿弥陀様個人の話であって、われわれ自身の成仏に関して「空」は重要な意味を持ちません。浄土教は「空」の概念を無視してはいませんが、「空」の比重を軽くした大乗仏教の教えであると考えてよいでしょう。

浄土教のもととなった『阿閦仏国経』

青年　浄土教は、『般若経』や『法華経』とは全く別の種類の教えだということはよくわかりました。しかし、ほかのお経とこれほどまでに違う教えが突然出現したというのは奇妙な感じがします。

講師　もちろん浄土教にも、教えのベースになったと思われるお経が存在します。それが『阿閦仏国経《あしゅくぶつこくきょう》』です。このお経は浄土教の成立以前に書かれた古い大乗経典の一つですが、実際に読んでみると『無量寿経』と共通する部分が見られます。

一つは、「この世界とは別の世界が存在していて、そこには別の素晴らしいブッダがいる」と考えた部分です。浄土教では西方に極楽浄土があり、そこに阿弥陀仏がいると説きましたが、『阿閦仏国経』では東方の「妙喜《みょうき》世界」というところに阿閦仏というブッダがいると説きました。

もう一つの共通点は、阿弥陀仏と同様に、妙喜世界の阿閦仏も先輩のブッダに誓願を立てている点です。阿閦仏は、阿弥陀仏ほど大掛かりな願掛けはしていませんが、「みんなが幸せに修行のできる世界を作ります」と誓いを立てています。このように見ていくと、『無量寿経』のおおまかな筋道は『阿閦仏国経』をベースにしていることがわかります。

一方で異なっているのが、その理想世界に行くためのアプローチの仕方です。『無量寿経』では「極楽に行きたいと願って阿弥陀仏を念じなさい」と説いたのに対し、『阿閦仏国経』では「六波羅蜜などの修行を積むことで妙喜世界に生まれ変わることができる」と説きました。

六波羅蜜とは、第二講の『般若経』の時にも触れましたが、布施や持戒、忍辱、精進などの大乗仏教における一般的な修行を指しますから、『阿閦仏国経』が作られた時点では、「理想の世界へは自力で行く」と考えられていたことになります。したがって、「すべてを阿弥陀の力にお任せする」という、完全な「他力」の思想はそのあと、浄土教の時点で新たに加えられたということもわかってくるのです。

青年　なるほど。『般若経』の進化形である『法華経』のケースと同様に、『無量寿経』の場合も、ベースにあった『阿閦仏国経』を超えるために、新たに「他力本願」という考え方を持ち出したというわけですね?

講師　おそらく、そうでしょう。いずれにせよ、浄土教の教えは一夜にして作られたものではなく、前に存在した経典を超えようと〝加上〟することで、徐々に練り上げられていったのだと思います。

目的が「悟り」から「救われること」へと変わった

青年　では本題に戻って、一つ質問させてください。極楽浄土には「他力」で行けたとして、阿弥陀仏と出会って菩薩となったあとにはどんな修行が待っているのですか？　極楽に往生したからと言ってそこで終わりではなく、いよいよブッダになるための本格的な修行がスタートするわけですよね？

講師　おっしゃるとおり、極楽浄土に往生できたとしても、それは仏道修行のスタートラインに立ったにすぎません。本来ならばそこから菩薩修行が始まるはずなのですが、不思議なことに浄土教では、次第に「ブッダになること」ではなく、「極楽浄土に往生すること」を最終目的と考えるようになっていったのです。

青年　それはおかしくないですか？　先生はつい先ほどまで、「極楽浄土は菩薩修行を円滑にスピーディーに行えることを目的に作られた世界だ」とおっしゃっていましたよね。だからこそ極楽浄土に往生することを、みんなは願ったはずでしょう？　そこをゴールと言ってしまったら、阿弥陀様の努力がすべて無意味になってしまうではないですか。

講師　『無量寿経』にも極楽往生がゴールだとはひとことも書かれていませんし、法然や親鸞も、極楽に往生することを最終目的だとは考えていなかったと思います。

しかし、極楽に行って、この世の苦しみから逃れたいと願う信者が増えていくにつれて、大衆に迎合するかたちで教えが変化していったのでしょう。お経を書き換えるところまではいかなくとも、時代や社会とリンクしながら次第に解釈が変化していくことは往々にしてあるのです。

青年　本来の趣旨とは違った方向に向かったことは確かですよね。大乗仏教のそもそものゴールは、悟りを開いてブッダになり、みんなを救ってから涅槃に入ることだったはずなのに、それが目的でなくなったとすれば、いったい何を目的とするようになったのですか？

講師　もちろん、最初は「悟り」が目的だったことは間違いありません。

しかし、やがてその目的は「救われること」に変わっていきます。ここで言う「救われること」とは、悟りを開いて涅槃に至るのではなく、楽しくてきらびやかで不自由のない生活を永遠に続けられるようになることです。

『無量寿経』や『阿弥陀経』には「極楽浄土とは、苦しみも悲しみもない世界であり、すべての人は宝石に飾られた宮殿に住み、究極の楽園生活を送る」といったことが書かれていたため、人々はその部分ばかりに注目するようになり、いつしか極楽にたどり着くことが最終目的であると考えるようになったのです。

青年　極楽往生がすべてのゴールだとすると、極楽に往生した者は、もう二度と生まれ変わらずにそこにいられると思ってよいのでしょうか？

講師　浄土教では本来、極楽に往生したとしても、また別の世界に生まれ変わると考えていました。なぜなら、仏教では一つの世界にはブッダは一人しか存在しないと決められていたからです。すでに阿弥陀というブッダが存在している極楽では、他の人はブッダになることはできません。ですから私たちは極楽に往生してから一度死んで別の世界（ブッダのいない世界）に生まれ変わり、そこでブッダになると考えたのです。

しかし、最終ゴールが悟ってブッダになることではなく、極楽でいつまでも快適な暮らしを続けるということになれば、そういった構造も次第に無視されるようになり、極楽に往生すればそこに永遠に居つづけられるという話に変わっていきました。

青年　今のお話をうかがっていると、「極楽浄土」とは、キリスト教の「天国」と同じようなものに思えてきたのですが……。

講師　確かにキリスト教の天国にも似ていますが、私のイメージにぴったりあてはまるのは、むしろ輪廻世界の最上界である「天」です。でも天に行っても、「釈迦の仏教」で言えば輪廻は止められませんから、それも少し違いますね。

おそらく、のちの浄土教信者たちは、「天」と「極楽」を同一視しようとしたのではないかと思います。天のような快適な生活が、いつまでも永遠に続くというイメージです。ここまで変容してしまうと、「釈迦の仏教」とは似ても似つかないものです。あなたがおっしゃるように、浄土教は仏教と言うよりも、キリスト教に近い教えになっていったと言えるかもしれません。

しかし、繰り返しになりますが、救われる人が一人でもいれば、その教えにはやはり意味があるのです。浄土教は、平安末期から鎌倉時代にかけて庶民を中心に爆発的に拡大していくことになりましたが、それは浄土教でなければ救われない人がその時代にたくさんいたことの証明とも言えるでしょう。

青年　なるほど。貧困に喘《あえ》いでいる人たちは生きることだけに精一杯で、人のために何かをしよう（善行を積もう）などと考える余裕もないし、修行する時間などなかったはずですよね。そんな人たちの救いとなったのが浄土教で、それを拠り所にして生まれた宗派が法然の浄土宗や親鸞の浄土真宗だったとすれば、いくらそれが本来の仏教の教えとは違っていたとしても、そこには大きな意味があったということになりますね。

講師　法然や親鸞自身がそこまで教義を偏向させて考えていたとは思えませんが、これらの宗派の多くの人たちが、極楽浄土をスタートではなくゴールととらえているのは事実です。

当時の人たちは「地獄絵図のような現世からなんとか逃げ出したい」と願ってはいても、「煩悩を消し去って悟りの境地にたどり着きたい」といった高尚な気持ちを持つ余裕はなかったでしょう。飢餓や病気や戦いなどで死んでいく人にとっては、悟り云々《うんぬん》よりも、「死ねば必ず極楽に往生して、そこで永遠に楽しく暮らせる」と言われたほうが、何倍も救いになったはずです。

青年　確かに、病気や飢餓や戦いで死期が迫っていたとしても、「死んだ先には今よりも楽しい生活が待っている」と思えれば、死ぬことへの恐怖心も薄れますしね。また、たとえ家族を失ったとしても、「亡くなったあの人は極楽に往生して幸せに暮らしているんだな」と考えれば、遺された人の悲しみも癒されるというわけですね。

宗教に正しいも間違っているもない

講師　ただし、じつはこの考えは裏腹で、危険思想につながりかねない面もあります。「阿弥陀様を信じて死ねば、極楽浄土に往生できる」というのは、現世の生活に苦しんでいる民衆にとっては「救いの思想」ですが、国家を統治する側からすれば「やっかいな思想」ともとらえられたのです。

青年　死んだあとは極楽浄土に往生したいという考え方の、どこが危険思想なのですか？

講師　今あなたがおっしゃったように、極楽浄土の存在を本気で信じれば、死ぬのが怖くなくなりますよね。極楽に行けると思えば命も惜しくなくなるので、どんな強い相手にも立ち向かっていける。捨て身になった人間ほど恐ろしいものはありませんから、為政者《いせい》にとっては脅威になります。

「今の生活が苦しいのは国を動かしている権力者が悪い」と思って、浄土教系の信徒（浄土真宗の信徒は一般に「門徒《もんと》」と呼ばれます）である民衆が一斉に立ち上がれば、誰にも押さえられなくなってしまうのです。それが現実となったのが戦国時代に勃発《ぼっぱつ》した「一向一揆」です。

青年　一向一揆とは、年貢米の厳しい取り立てなどに反発した浄土真宗の農民たちが起こした反乱のことですね？

講師　実際は単に農民の反乱というだけでなく、そこには政治的・宗教的な思惑などが絡み合ったりもしています。歴史の授業でも習ったと思いますが、加賀国（現在の石川県南部）の一向一揆では守護大名の富樫政親《とがしまさちか》（一四五五？〜一四八八）を敗死させ、十五世紀末から百年近く一国を支配し、「百姓の持ちたる国」と呼ばれました。

余談ながら、私の実家は加賀の隣国である越前国（現在の福井県東部）の浄土真宗高田派の寺で、私はその寺の二十九代目にあたります。家には当時の越前一向一揆の様子を表す史料が伝わっています。先祖は同じ真宗ながら一揆側に敵対する側についていて、檀家の村人が、一揆側の敵将、下間頼照《しもつまらいしょう》（？〜一五七五）を討ち取ったそうです。

そういう話はさておき、ここでは「一向一揆」イコール「浄土真宗の一派である本願寺教団の門徒たちが起こした権力に対する抵抗運動」とだけ思っていただいて結構です。

理由はどうあれ、暴力行為は許されるものではありませんが、どんな宗教でも本気で信仰しようとした場合は、社会通念的に受け入れられない部分がどうしても出てきてしまいます。それを権力者たちは危険思想と見なして恐れたのです。

青年　浄土教は「他力本願」を基本としているため、決まりごとの少ない「ゆるい宗教」

のように私は感じていたのですが、一歩間違えると、危険なほうに向かう可能性を秘めているということなのですね。

講師　キリスト教もユダヤ教も、イスラーム教もヒンドゥー教も、我が身のこととして教えを突き詰めていけばいくほど、必ずそうした面が出てきます。絶対神や外部の救済者を崇めるタイプの宗教には、多かれ少なかれ、そういった捨て身の行為をよしとする側面があるのです。

青年　でも、一つの宗教をそこまで深く信じる必要など本当にあるのでしょうか。何事もほどほどでよいのではないですか？　私はクリスマスやハロウィンも楽しむし、初詣《はつもうで》にも行くし、お盆やお彼岸の時はお墓参りにも出かけます。節操がないと言われればそれまでですが、カルト教団なんかにハマるよりは、よっぽどまともな気がしますけどね。

講師　あなたのおっしゃっていることもよくわかります。しかし、誤解を恐れずに言うならば、一つの教えを無条件に信じて狂信的にならなければ、本当に救われるはずなどないのです。

たとえば、ＩＳ（イスラミック・ステート、「イスラム国」）の若者を見てもわかるでしょう。自爆テロを行う彼らの多くが、その行為をジハード（聖戦）であると信じ、死んだあとは必ずアッラーのもとに召されると考えています。信仰とはそういうものです。もちろんISのメンバーのすべてが、強い信仰心に基づいて行動しているなどとは思えませんが、根底に殉教の精神があることは間違いありません。

極楽往生を本気で信じて一向一揆の中で死んでいった人を、今の私たちは不幸ととらえがちですが、じつは本人たちは幸せだったのではないでしょうか。亡くなって本当に極楽に行けたかどうかはわかりませんが、少なくとも「自分は幸せだ」と感じながら死んでいった人も多かったと思います。

浄土教の教えは、お釈迦様の教えとはかけ離れたものになっているのは事実ですし、仏教で最も重要な存在であるはずのお釈迦様もどこかに吹っ飛んでしまっています。「釈迦の仏教」からは、『法華経』よりもさらに遠くに行ってしまった印象は否めません。でも、それはそれで価値を認めるべきです。宗教に正しいも間違っているもありません。大事なのは「それを信じた人が幸せでいられるかどうか」、この一点のみです。

もちろん現代的価値観から言えば、他者に害を及ぼす行為は、たとえそれが熱心な信仰心から出たことであっても許されないということになります。そういう制約をつけたうえでのことですが、その教えを信じて幸せになる人がいるかぎり、どんな教えであろうとも間違ってはいないと考えるべきなのです。

浄土教は、ほかの大乗仏教と比べるとかなり特異な宗教と言えます。しかし、明日が見えなくて本当に辛い状況にある人にとっては、とても大切な、大きな救いとなる教えであったことも事実です。

第五講

華厳経・密教

——宇宙を具現するブッダ

『華厳経』の象徴である「奈良の大仏」

講師　今回は、紀元三世紀頃に中央アジアで作られたとされる『華厳経』、そしてその『華厳経』とつながりの深い「密教」について解説します。『華厳経』という経典名を聞いてもピンとこない人が多いと思いますが、ほとんどの方が『華厳経』の世界観に触れたことがあるはずです。聖武《しょうむ》天皇（在位七二四～七四九）が発願《ほつがん》してできた世界最大の金銅仏《こんどうぶつ》、いわゆる「奈良の大仏」はご存知ですね？

青年　もちろんです。中学校の修学旅行で京都・奈良を巡った時に、東大寺にも足を運びました。威風堂々とした大仏さんの姿を見上げながら「なぜ昔の人はこんな巨大なものを作る必要があったのだろう？」と思った記憶があります。あの大仏が『華厳経』と何か関係があるのでしょうか？

講師　みなさんがよく知っている奈良の大仏の正式名称は「盧舎那仏《るしゃなぶつ》坐像」と言い（「盧舎那」はサンスクリット語「ヴァイローチャナ」の音写で「毘盧遮那《びるしゃな》」と記す場合もあります）、『華厳経』の象徴として造立されたものです。

『華厳経』を根本経典とする宗派が「華厳宗」で、その日本の総本山が東大寺。『華厳経』のサンスクリット語は「ブッダアヴァタンサカ・スートラ」で、漢訳では『大方広仏《だいほうこうぶつ》華厳経（略して『華厳経』）』とされています。その意味は、「無数のブッダの壮麗なる集まり」です。

漢訳には六十巻本と八十巻本の二つの完全訳と、最終章の「入法界品《にゅうほっかいぼん》」のみを訳した四十巻本の三つが存在しますが、どれもかなりのボリュームで、きちんと理解しながら読もうとするとかなりの労力が必要です。

青年　読むだけでも苦労するというのなら、お経を書いた人はさぞや大変だったでしょうね。

講師　じつは、『華厳経』はもともと一つの経典として存在していたのではなく、複数の独立したお経を集めて作られたものです。サンスクリット語の原典として残っているのは、「十地品《じゅうじほん》」と「入法界品」のみで、この二つにいろんなお経がプラスされて一つの大きな経典に編集されたものが『華厳経』だと認識しておいてください。

日本に宗旨が伝わったのは八世紀半ば、新羅《しらぎ》で学んだとされる審祥《しんじょう》が金鐘寺《こんしゅじ》（東大寺の前身）の良弁《ろうべん》（六八九～七七三）に招かれて『華厳経』の講義を行ったのがきっかけとされています。

青年　奈良時代にすでに宗派として成立していたとすると、『華厳経』の教えは法華信仰や浄土信仰よりも古くから日本に根づいていたことになりますよね。そのわりにあまりピンとこないのはなぜなのでしょうか？

講師　華厳宗は奈良時代に国家仏教として重視されたものの、その後はあまり注目されることがなかったため、一般の人には馴染みが薄いのです。

しかし、『華厳経』は『法華経』と双璧をなす重要な大乗経典であるとともに、日本人のメンタリティやものの見方に大きな影響を与えたお経と位置づけられています。その独特な世界観をのぞいてみましょう。

菩薩行を説く「十地品」と「入法界品」

講師　それでは『華厳経』のルーツの部分にあたる「十地品」と「入法界品」の二つの章から解説していきます。十地品では、菩薩が究極の悟りへ向かって階段を登っていくプロセスを「歓喜地《かんぎじ》」から「法雲地《ほううんじ》」までの十段階（十地）に分けて書いています。

凡夫が如来に出会って仏道修行をスタートし、やがて自利を中心とした修行から利他の修行へと移り、最後の法雲地で仏の教えを完全に体得し菩薩として最高の境地に達する――というのが、おおよその話の流れです。十地品については『華厳経』とは別に『十《じゅう》

図10　十地

第一「**歓喜地**」悟りに近づく歓喜にあふれた境地
第二「**離垢地**」汚れを離れた境地
第三「**発光地**」明るく光る境地
第四「**焔慧地**」光明に輝く境地
第五「**難勝地**」勝ち難い境地
第六「**現前地**」真理が目の前に現れた境地
第七「**遠行地**」はるか遠くに行く境地
第八「**不動地**」動揺しない境地
第九「**善慧地**」見事な智慧がある境地
第十「**法雲地**」教えを体得した法雲のような境地

地経《じきょう》』という独立したお経が存在するので、『華厳経』の十地品は既存のお経をそのまま取り込んだものと考えられます。

一方の入法界品には、善財童子《ぜんざいどうじ》という少年が文《もん》殊《じゅ》菩薩に促されて、求道の旅に出た時の様子がストーリー仕立てで描かれています。善財童子は修行者、外道（異教徒）、医者、少女、遊女など五十三人の善知識（悟りへと導いてくれる先人たち）のもとを訪ねて、最終的には悟りの入口へと到達するのですが、この話を読んでいくと老若男女どんな職業の人であっても、すべての人の人生には学びや教えが含まれていることに気づかされます。日本人に馴染みの深い「東海道五十三次」の五十三という数字は、この物語に由来しているという説もあるようです。

青年　十地品はともかく、入法界品のほうは面白そうですね。様々な人々との出会いの中で少年が一人前の人間として成長していくというストーリーは、今の少年漫画やロードムービーにも通じるものがありそうで、読んでみたくなりました。

講師　たしかに入法界品は読み物としては面白いのですが、『華厳経』は、経典全体を貫くような「これこそが悟りに至る教えである」というエッセンスを取り出しにくいのが難しいところです。

　ですから、『華厳経』の最大の魅力は、そうした「悟り」についての部分よりも、そこに示された「壮大で宇宙的な世界観」にあります。お経の大部分が、菩薩行の結果として最終的に到達する世界がいかに素晴らしく、またきらびやかであるかについての記述に費やされているのです。

一は即ち多であり、多は即ち一である

講師　その『華厳経』の世界観について見る前に、復習の意味でお聞きしますが、これまでのお経では、実際に会えないブッダと出会うために、どんな世界観を示していたでしょうか？

青年　たしか、『般若経』や『法華経』では時間軸に注目して、私たちは過去にブッダとすでに出会っていると考え、浄土教では空間軸の広がりに注目し、この世界とは別の世界にブッダがいると考えたのではないですか？

講師　よく覚えていらっしゃいましたね、そのとおりです。

しかし、『華厳経』の世界観はそれらとはまた異なります。「この世界の外側に別の世界が存在し、そこにブッダがいる」と考えた点は浄土教と共通しているのですが、浄土教では「私たちは死んだあとにブッダに出会う」と説いたのに対し、『華厳経』は「死ななくても、この世界で生きたままブッダに会うことができる」と説いたのです。

青年　死なずにブッダと会えるならそのほうがいいに決まっていますが、果たしてそんなことが可能でしょうか。タイムマシンが存在するならともかく、人間が時空をワープすることなど不可能ですよね。ということは、別の世界にいるブッダのほうがワープして私たちに会いに来てくれると『華厳経』は考えたわけですか？

講師　いやいや、ブッダというのはそれぞれの世界の家主のような存在だから、自分の世界を勝手に留守にするわけにはいきません。

そこで『華厳経』は次のようなアイデアを考えました。「別の世界にいるブッダが移動できないのなら、ブッダが自らの映像を私たちの世界に送ってくれると考えればよいではないか」と。

青年　すごい想像力ですね。しかし、別の世界にいるブッダが自分の化身としての映像を私たちに送ってくれたとしても、それはあくまでバーチャルな架空の存在に過ぎませんよね。バーチャルなブッダをいくら拝んだところで、それは悟りのエネルギーには直接つながらないのではないですか?

講師　ここが重要なところなのですが、『華厳経』では「バーチャルはリアルである」ととらえたのです。この論理を理解していただくには、もう少し詳しい説明が必要ですね。

まず『華厳経』では、宇宙には様々なブッダが存在するが、それらは「毘盧遮那仏（盧舎那仏）」という一人のブッダにすべて収束されると考えました。つまり、宇宙にはたくさんブッダが存在しているように見えるけれども、もとをたどればブッダは一人だと定義したのです。

宇宙に散らばる無数のブッダと毘盧遮那仏の関係は、インターネットの世界にたとえると理解しやすいでしょう。インターネットにはネットワークの中心というものがありません。ネットワーク全体が一つの存在です。これが毘盧遮那仏です。各世界のブッダは毘盧遮那仏というネット本体の先にそれぞれ存在しています。さらにそれぞれのブッダからまた別の世界のブッダが放射状につながり、無限のブッダ世界が宇宙に広がっています。

一見、個々のブッダ世界は独立しているように見えますが、すべてのブッダは毘盧遮那仏とつながっているため、毘盧遮那仏は個として存在していながらもすべてのネットワークを覆いつくす巨大な存在と見なすことができます。そう考えていくと「無限に存在するすべてのブッダは、毘盧遮那仏そのものである」とも言える。だから『華厳経』は、この世界に現れたブッダがバーチャルな映像だったとしても、それはすなわちリアルであると説いたのです。

宇宙に存在する無限のブッダがお互いにつながっていると仮定すると、この世界に現れた一人のブッダを供養しただけで無限のブッダを供養したことにもなります。そういう意味では、『華厳経』はこれまでのどのお経よりも、成仏のスピードアップ化がはかられるようになった「最強のお経」と言えるのかもしれません。

青年　日常的にインターネットを使っている現代の私たちでしたら、今の先生のお話を理解できます。でも当時の人からすれば、すべてのブッダはつながっているとか、別の世界からブッダの映像が送られてくる、などと言われても理解できなかったのではないですか？

講師　もちろんインターネットのたとえ話などはありませんが、実際の『華厳経』では「一即多《いっそくた》・多即一《たそくいつ》」（一は即《すなわ》ち多であり、多は即ち一である）という表現を使って、時空を超えた世界観を説明しています。わかりやすく解説した部分としては「因陀羅網《いんだらもう》の譬喩《ひゆ》」が有名でしょう。

因陀羅網とは「インドラの網《あみ》」という意味です。須弥山《しゅみせん》の頂上に住む帝釈天《たいしゃくてん》（インドラ神）の宮殿に設置された美しい網飾りのことを指します。網の結び目の一つ一つには宝石の玉が取り付けられていて、それらの宝石の表面はほかの宝石を映し出しています。ほかの宝石もさらに別の宝石を映し出すため、映り込みは無限に繰り返されることになります。こうした一つの宝石が無限の宝石を映し出すと同時に、無限の宝石が一つに収まっている状態を「一即多・多即一」と『華厳経』は表現したのです。

青年　今の宝石のお話を聞いて、私は「合わせ鏡」をイメージしたのですが似ていませんか？

講師　「一即多・多即一」の考え方は、合わせ鏡というよりも、「フラクタル」の概念をイメージしていただいたほうがよいでしょう。フラクタルとは、一つのものの中に無限の繰り返しが含まれていて、細かく見ていくとそこにはいくらでも相似形の個が出てくるけれども、遠くから見れば一つの個に見える、という幾何学《きかがく》的世界観のことです。

たとえば自然界では、毛細血管の配置、樹木の枝の張り方、リアス式の海岸線、銀河の分布などに見られ、今日ではコンピュータ・グラフィックスや天文学など、幅広い分野において応用もされています。

その幾何学的世界観と同じく、一微塵《いちみじん》の中には無限の宇宙が存在していて、同時に無限の宇宙は一微塵と同じであるというのが「一即多・多即一」で表現される『華厳経』の世界観です。

青年　ブッダの存在にたとえるならば、一人のブッダの中には小さな世界があり、そこにはそれぞれ別のブッダがいて、さらにそれぞれのブッダの中には無限の世界が存在し、それらすべてが集まって一つの宇宙（毘盧遮那仏）を形成している……ということになるわけですね？

講師　それは決してブッダだけでなく、私たち普通の人間の場合も同様です。

たとえば、人間の脳の中にも、それを構成する無数の細胞の一つ一つにも、夜空に広がる宇宙と同じような小宇宙が広がっている、などとよく言われますよね。私たちはそういう無限に続いていく世界に生きているのだから、結局「一」でありながらそれは「全」であるとも言えます。

改めて聞くと新鮮に感じるかもしれませんが、日本人の中にはこうした世界観が、じつは当たり前のものとして根づいています。たとえば微細なもの、小さなものの中に無限の宇宙を見いだそうとする点で言えば、茶道や華道、盆栽、水石《すいせき》なども「一即多・多即一」の考え方から生まれた文化でしょう。

今回の講義の冒頭で「お経の名前は知らなくても、ほとんどの方が『華厳経』の世界観に触れたことがあるはず」と申し上げた理由は、そういう意味でもあるのです。

宇宙そのものを具現化した毘盧遮那仏

青年　それにしてもフラクタルという概念をすでに当時の人が持っていたというのは驚きですね。それは、もしかして仏教は科学を先取りしていたとも言えるのではないですか？

講師　いや、とんでもない。フラクタルがようやく数学的に論証されたのは、今から約五十年前のことです。それもコンピュータという最新の科学機器を用いて初めて明らかになったのであって、それを仏教が千年以上前に見つけていたなどということはありえません。

『華厳経』はあくまでアイデアとして思いついただけですから、科学の先取りなどとは言えません。有限の世界に無限の数のブッダをなんとか含み込みたいという強い思いが、自然の流れとしてそういうアイデアを生み出しただけの話です。

しかし通常、私たちは自分の人体のスケールでしかモノを見られないはずなのに、自分の存在を客観視して視点をどんどん膨らませていき、「宇宙には細かいミクロの世界もあればマクロの世界もあって、それらはすべてつながっている」と論理づけた点などは、あっぱれというほかはありません。

青年 ところで、すべてのブッダを統括する存在としての毘盧遮那仏ですが、この仏様はいったい何者なのですか？　毘盧遮那仏と、お釈迦様は同じではないのですか？

講師 『華厳経』では毘盧遮那仏は、宇宙の真理、宇宙そのものを意味する「宇宙仏」と定義されています。宇宙全体に遍満する超越的パワーとしてのブッダです。

一方、われわれが知っている人間の形をした釈迦というブッダは、その「宇宙仏」からメッセンジャーとしてこの世界に送り込まれた３Ｄ映像の「人間仏」と思っていいでしょう。と同時に、お釈迦様も毘盧遮那仏の映像としての現れだという意味からすれば、「同じ仏」ととらえても間違いとは言えません。

ただし、冒頭で紹介したように、東大寺の大仏の正式名称は「盧舎那仏坐像」ですから、聖武天皇は当然、釈迦ではなく、宇宙全体を覆っている毘盧遮那仏こそが最も偉大な仏であると考えて、高さ十五メートルにも及ぶ世界最大の金銅仏坐像を造立し、その力に頼ろうとしたわけです。

毘盧遮那（ヴァイローチャナ）とは「光輝くもの」という意味なので、太陽の象徴です。『華厳経』は宇宙をテーマにしたお経ですから、宇宙の中心にあって、すべてのものに対して平等にエネルギーを投げかけてくれる最も強いパワーを持った存在としての太陽を、毘盧遮那仏と重ねて考えるようになったのは至極当然のことと言ってよいでしょう。

「鎮護国家」と結びついた経典

青年　『華厳経』の世界観についてはだいたい理解できました。では『華厳経』では、私たちはこの世界でいったいどんな修行をすれば悟りに到達できると説いているのでしょうか？
講師　先ほども少し述べましたが、じつはその「悟り」に関する部分が、『華厳経』の最大のネックとなっています。つまり、菩薩の道を進んでいった先に到達する世界の素晴らしさ、きらびやかさについては何度も繰り返し語られるのですが、肝心の悟りに関しては、ほとんど説かれていないのです。

十地品と入法界品の章を読んでも「こうした段階を踏んだ。こんな人と出会った」といった話ばかりで、具体的に何をすべきかについて明確には示されていません。「心を清らかにすること」が『華厳経』の教えだとおっしゃる方もいますが、それも漠然としすぎていますよね。『華厳経』は、奈良時代には大きな勢力を持ったものの、そのあと衰退していきます。その理由の一つには、お経に悟りの方法が示されていなかったことが大きく関係していると思います。

青年　でも先生がおっしゃるように、『華厳経』が「悟りについて何も説かれていないお経」だとしたら、なぜ奈良時代の日本では大切に扱われたのですか？　意味のないお経ならば、誰も最初から見向きもしないはずですよね。

講師　『華厳経』がなぜ奈良時代に大切にされたか、その理由を述べるには、まず「奈良仏教とは何か」を理解していただく必要があります。

六世紀半ばに仏教が日本へと伝わり、飛鳥時代を経て奈良時代に入ると、奈良の大寺院

図11　南都六宗

三論宗
龍樹の『中論』『十二門論』、弟子提婆の『百論』を中心に研究。大安寺・元興寺・東大寺など。

成実宗
鳩摩羅什訳『成実論』を中心に研究。元興寺・東大寺など。三論宗に付属。

法相宗
玄奘訳『成唯識論』を中心に研究。薬師寺・興福寺など。

倶舎宗
世親の『倶舎論』を中心に研究。東大寺・興福寺など。法相宗に付属。

華厳宗
『華厳経』を最高の経典として、その思想を研究。東大寺が中心。

律宗
鑑真和上が伝えた『四分律』を研究。唐招提寺が中心。

には「南都六宗」（三論《さんろん》宗・成実《じょうじつ》宗・法相《ほっそう》宗・倶舎《くしゃ》宗・華厳宗・律《りつ》宗）と呼ばれる学派仏教が誕生します。しかし、これらの仏教の目的は鎮護国家にありました。つまり、「国を治めるために仏教を利用したい」という権力者の側に立つ宗教だったのです。

そんな中で、他のどの経典よりも中央集権的な思想に合っていたのが『華厳経』です。『華厳経』では「ネットワーク本体としての毘盧遮那仏がいて、それがそれぞれの世界へメッセージを送っている」ということをすでにお話ししましたが、まさにこれは当時の朝廷が望んでいた、中央が地方を統括する中央集権国家体制の構造と同じです。

この時に全国に建てられた国分寺と国分尼寺は、それぞれ正式には「金光明《こんこうみょう》四《し》天王《てんのう》護国《ごこく》之《の》寺《てら》」「法華《ほっけ》滅罪《めつざい》之《の》寺《てら》」と呼ばれ、大乗経典の一つである『金光明最勝王経《こんこうみょうさいしょうおうきょう》』の教えに基づいたものですが、その統括者である東大寺に毘盧遮那仏を安置することで『華厳経』の世界観を表し、奈良がすべてを司るということを宣言したわけです。

青年　要するに、奈良時代の仏教には「どうやったら悟りが開けるか、涅槃に到達できるか」などといったことは求められていなかったということですか?

講師　そうです。だから『華厳経』に悟りへの方法が示されていなくても何の問題もありません。

ところが、奈良時代はそれでよかったのですが、平安時代後期から鎌倉時代になると、これまでの講義で見てきたように、日本の仏教は実際に人を救うことを目的とした宗教へと様変わりしていきます。そうなると救いや悟りの方法が示されていない『華厳経』は存在価値がなくなってしまいます。それで『華厳経』を根本経典とする華厳宗はもちろん、ほかの奈良の学派仏教もどんどん衰退していくことになったのです。

青年　そうすると『華厳経』は、『法華経』や浄土教とは違ってほとんど民衆に広まらなかったことになりませんか? 先生はこの講義の最初に「『華厳経』は『法華経』と双璧をなす重要な大乗経典で、私たち日本人にも大きな影響を与えた」とおっしゃいましたが、悟りの方法を説いていないとすると、あまり意味がないとは言えないのですか？

講師　『華厳経』には、悟りについての方法が説かれていないのは事実です。でも、だからと言って意味のないお経と考えるのは性急すぎるでしょう。

『華厳経』が説いた「毘盧遮那仏は宇宙の真理である」という教えや「一即多・多即一」という世界観は、間違いなく一つの救いを示しています。毘盧遮那仏が宇宙そのものであり、私たち人間はその宇宙の一微塵だととらえるならば、「私たちはブッダという全宇宙の中に抱かれながら生きている」ことに気づくことになります。

また、前に申し上げたように、一微塵の私たちの体内にも宇宙が広がっているという考えは、人間だけでなく、自然界のあらゆる事物に霊魂を感じるという、日本人古来の世界観であるアニミズムとも通じ合っています。『華厳経』の示した世界の在り方を知るだけでも、心の安定を感じる人はたくさんいらっしゃるはずです。

『華厳経』と結びついて教義を確立した密教

講師　では続けて、『華厳経』の世界観とも似ている「密教」について解説していきましょう。まず、密教で最重要仏とされる大日如来は、サンスクリット語で「マハーヴァイローチャナ」ですから、じつはこれまで見てきた毘盧遮那仏と同じ仏様です。

インドで密教が誕生したのは四〜五世紀頃。当時のインドではヒンドゥー教の勢力が強まり、仏教は次第に衰退しはじめていました。そんな中で生き残る方法を考えた大乗仏教が、ヒンドゥー教やバラモン教の呪術的な要素を取り入れて生まれたのが密教の起源と言われています。最初は教義も整理されておらず、主要経典ができて体系化されたのは七世紀頃です。

「密教」と聞いて、あなたは何を最初に思い浮かべますか?

青年 私の知識では、真言宗とその開祖である弘法大師・空海(七七四〜八三五)ぐらいしか浮かびませんね。

講師 そうかもしれませんね。日本に密教を紹介したキーパーソンは、なんと言っても高野山を開いた空海です。でも、最初に密教を持ち帰ったのは天台宗の開祖・最澄です。こちらも比叡山延暦寺の開山として有名ですね。

最澄は中国での滞在期間が短く、十分な知識を得られなかったので、のちに弟子の円仁や円珍《えんちん》(八一四〜八九一)が唐に渡って密教を学び、天台宗も徐々に密教色を深めていくようになりました。ですから、日本における密教は「真言密教」(東密《とうみつ》)だけでなく、「天台密教」（台密《たいみつ》）もあるのです。
ただし天台宗は、以前の講義でお話ししたように、密教だけでなく様々な教えが融合した総合仏教とも言えるので、ここではやはり、空海が開いた真言密教を中心に見ていきましょう。

青年 仏教に詳しくない私のような者からすると、「密教」とは、なにやら秘密めいたものにも聞こえてしまうのですが、ほかの大乗仏教との違いはどんなところにあるのでしょうか？

講師 真言宗では、密教は「顕教《けんきょう》」と対比される教えであると説いています。顕教とは、お釈迦様が秘密にすることなくすべての衆生に向かって説いた教えのことで、一方の密教とは、大日如来が秘密のものとして修行の進んだ人にだけ説いた教えのことを指します。ひとことで言えば「教えを一般には公開しない」というのが密教最大の特徴と思ってよいでしょう。
根本経典は『大日経』と『金剛頂経《こんごうちょうきょう》』の二つで（ほかに、第二講で紹介した『般若理趣経』という読誦《どくじゅ》経典もありますが、ここでは省きます）、唐の僧侶・恵果《けいか》（七四六～八〇五）がこの二つの経典を統合して真言密教のベースを作り、それを受け継いで空海が開いたのが真言宗です。密教は、初期・中期・後期と三つの段階を踏みながら発展していったのですが、この二つの経典は密教中期のものと考えられています。

初期の密教は、現世利益を成就するために呪文をとなえたり、呪術的な儀式を行ったりしていたようですが、中期になると『華厳経』の毘盧遮那仏などと合わさりながら、組織的な仏教教義を確立していくことになります。

青年 真言密教が、『華厳経』と同様に「毘盧遮那仏」イコール「大日如来」を最重要仏としたということは、『華厳経』の世界観もそのまま取り入れたと思ってよいのですか?

講師 空海は「大日如来は宇宙そのものであるとともに、微塵の一つ一つが大日如来である」と説いているので、密教は『華厳経』のフラクタルな世界観を引き継いでいることになります。

また、密教の特徴の一つに「曼荼羅《まんだら》」をお経に取り入れていることが挙げられますが、大日如来を中心に放射状に様々な仏がつながっていく、『大日経』の胎蔵《たいぞう》曼荼羅などを見ると、『華厳経』の世界観の影響を強く受けていることがわかります。

図12　両部（両界）曼荼羅

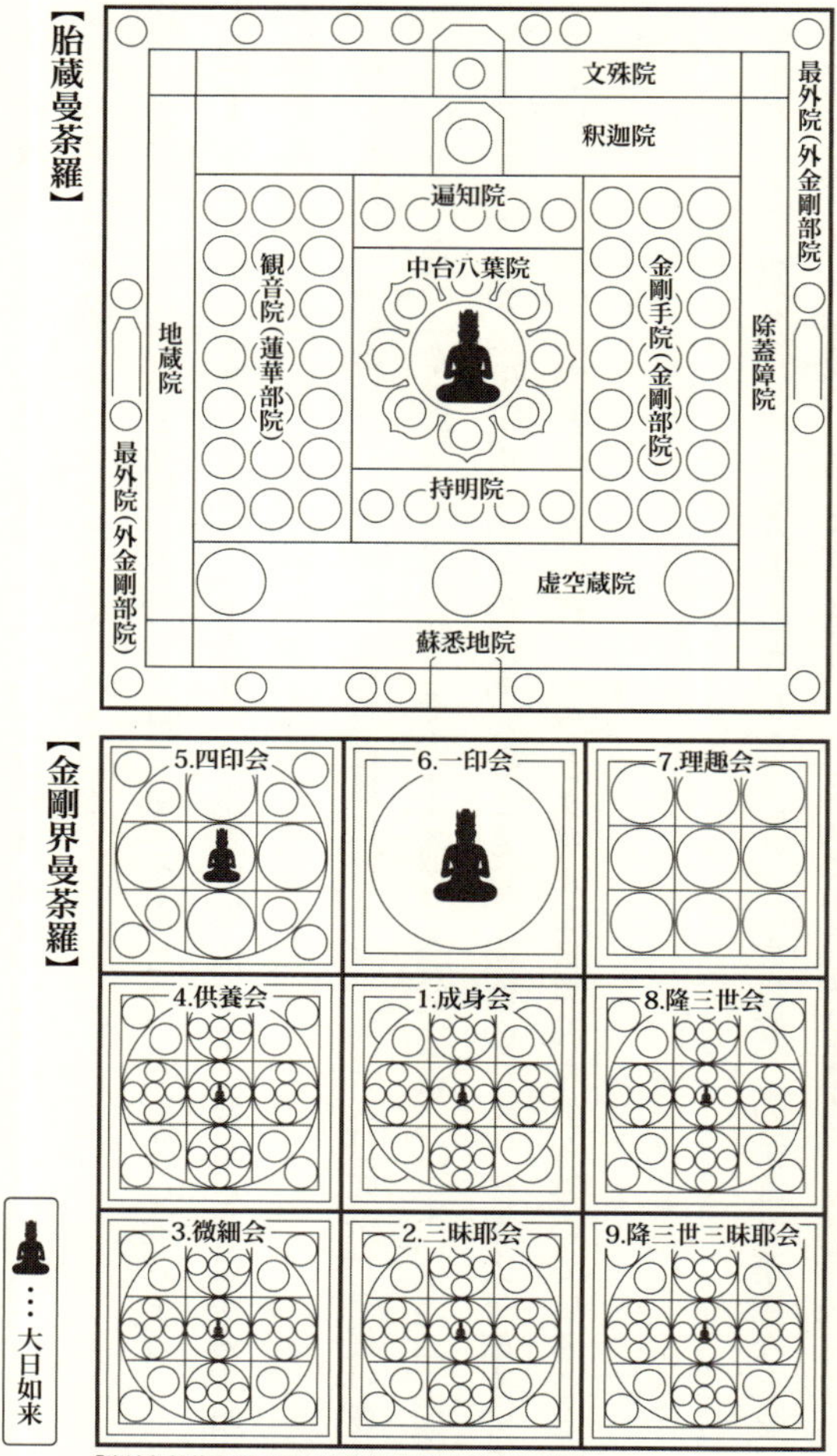

母胎に見立てた大日如来の大慈悲の世界を表す。大日如来を中心に配し、それを多数の仏・菩薩・明王らが取り巻き、中心から外側に向かう慈悲・救済の構造と、外側から中心に向かう悟りのプロセスの両方が描かれる。

大日如来を中心とする八つの会と理趣会の九会から成り、大日如来の智慧の世界を表す。中心の成身会から「の」の字を書くよう時計回りに降三世三昧耶会に至る仏の衆生救済と、逆ルートで衆生が悟りに至る道程とが描かれる。

『岩波仏教辞典 第二版』の「両界曼荼羅」図をもとに作成

「自分が仏である」と気づくことが大切

青年　悟りに至る方法について、『華厳経』には具体的なことが説かれていないというお話でしたが、密教ではどのように説かれているのでしょうか？

講師　じつは、密教には具体的な修行方法とゴールがちゃんと示されています。密教における修行の最終目的は「即身成仏《そくしんじょうぶつ》」です。即身成仏と聞くとミイラを思い浮かべる人が少なくないようですが、それは「即身仏」で、即身成仏とは違います。真言密教で言う即身成仏とは「生きたまま仏の境地に至る」ことです。

真言密教ではそのためには「三密加持《さんみつかじ》の行」が基本になると説いています。三密とは身《しん》密《みつ》（印を手で結び）・口密《くみつ》（真言をとなえ）・意密《いみつ》（宇宙の真理を心に思い描く）の三つの修行を指しますが、それは、「今ある私が仏である」ということに気づき、実感するための神秘的な特殊儀礼です。すでにブッダのいる宇宙の中に私たちは生きているのだから、それに気づけば誰もがブッダになれる、というのが密教の悟りについての考え方です。

青年　私のイメージでは、滝に打たれたり、険しい山を飲まず食わずの状態で歩いたり、燃え盛る火の中を裸足《はだし》で渡ったり、といった特別な修行法が示されるのではないかと期待していたのですが、なんだか拍子抜けですね。「今ある私が仏である」と気づけばよいということは、特別に修行する必要はないと言っていることになりませんか？

講師　はっきり言ってしまえばそうなります。密教においては、「私たちがどうすればブッダになれるのか」という問題は、すでに解決済みというスタンスです。「自分がすでにブッダであることを自覚する」ということが、唯一必須の作業なのです。

しかし、自分がブッダであることを自覚したあとは、ブッダとしてなんらかの活動をしなければならない、ということで、護摩《ごま》を焚《た》いて加持祈禱《かじきとう》をしたり、祭祀を執り行ったりするといった密教独特の行為が導入されていきました。したがって当然ながら、加持祈禱は現世利益を祈るものであって、悟りのための修行ではありません。

青年　確かに、もともとの「釈迦の仏教」の考え方を知ってしまうと、お寺のお坊さんが人々の無病息災や家内安全を願って祈りを捧げるというのは不思議な感じがしますね。どちらかと言うと、それは神社の神主の役目ですよね？

講師　「悟りの問題は解決済み」としたことで、密教はどんどん現世利益を第一に考える実利的な仏教へと向かっていくことになります。それは、真言宗の開祖・空海の「弘法大師伝説」を見てもわかるでしょう。

空海は聖徳太子以来の日本仏教界のスーパーマンです。「弘法大師伝説」は全国に三百篇以上あるとも言われますが、じつは、空海が人々を集めて「どうすればブッダになれるのか」を説いたという話はどこを探しても見つかりません。

溜め池が決壊した時に修復したとか、温泉を掘り当てたとか、土木工事にその力を発揮したなどといった現実的な「役に立つ」話ばかりです。当然ながらそこには、当時の人々が、あの世のブッダよりもこの世の〝超人〟である空海を崇めることで、現世利益を求めるようになった事情が関係しているでしょう。

青年　当時の人たちのそうした気持ちはわからなくはないですね。ましてや今の時代においては、輪廻とか業といったものを本気で信じる人も少数派ですから、悟りについてあれこれ説いた他の仏教よりも、現世利益を謳《うた》った密教に魅力を感じる人は多いと思います。

私自身も、「死んでから極楽に行けます」と言われるよりは、「今の生活がよくなります」と言われたほうがうれしいですからね。もちろん、どちらにしても「信じる」ということが第一条件でしょうが……。

講師　おっしゃるとおり、現代に生きるほとんどの人が、生まれ変わった先のことを考えるよりも、今日、そして明日をいかに生きるかのほうがはるかに大事だと思っているはずです。加持祈禱をしたり、空海の行いを信じることで、お金持ちになれたり、病気が治癒するかどうかはわかりませんが、そう信じることで希望を持って今を生きられるのであれば、そこにはやはり宗教としての存在価値はあるということになるでしょう。

今回は、宇宙を司る超越パワーとしての仏様を信仰する『華厳経』と密教を見てきました。

第六講

大乗涅槃経・禅——私の中に仏がいる

インド仏教衰退の謎

講師　前講の密教の話の中で、四～五世紀にインドではヒンドゥー教が勢力を持つようになり、仏教が勢いを失っていったことについて触れました。インドの仏教はそのあとも衰退の一途をたどり、やがては消滅してしまいます。なぜ、そんなことになったのか、疑問に思われたことはありませんか？

青年　そこですよ。遠く離れたタイやミャンマー、日本などには、今も仏教が根づいているのに、発祥地のインドで仏教が消滅してしまうというのが不思議でなりませんでした。

今のインドでは、本当に仏教はなくなってしまったのですか？

講師　二〇一一年の国勢調査によるインドの宗教別人口を見ると、ヒンドゥー教徒七九・八パーセント、イスラーム教徒一四・二パーセント、キリスト教徒二・三パーセント、シク教徒一・七パーセントで、仏教徒はその次のわずか〇・七パーセント（およそ八百五十万人）しかいません。

しかし、これでも増えたほうで、インドの仏教は第二次世界大戦までほぼ壊滅状態にありましたが、一九五六年、不可触民カースト出身の政治家アンベードカル（一八九一～一九五六）が仏教復興の大衆運動を起こしたことでなんとか復活することができたのです。

その後、チベット、ミャンマーなど周辺国から逆輸入された仏教が次第に根を張り、信者数も増加傾向にあるようですが、仏教発祥の地としての面目はすっかり失われてしまいました。

青年 なぜ、そこまで仏教は衰退してしまったのでしょうか？

講師 その結論を言う前に、ヒンドゥー教についてまずは解説しておきましょう。仏教が誕生する以前のインドでは、古くからバラモン教が広く信仰されていたことは申しましたね。そのバラモン教から聖典や、社会制度としてのカースト制を受け継ぎ、そこに土着の民間信仰が融合して生まれたのがヒンドゥー教です。

「輪廻や業」についての概念や、悟りを開いて輪廻を止めるという考え方は、ヒンドゥー教も仏教も共通していますが、悟りに至るための方法が違っています。

ヒンドゥー教では、宇宙を貫く根本原理として「ブラフマン（梵）」というものがあり、私たち個人には個体原理「アートマン（永遠不変の自我）」が存在していて、この二つが一体化した時に悟りに至ると説きました。ヒンドゥー教のこのような教えをわれわれは「梵《ぼん》我《が》一《いち》如《によ》」と呼んでいますが、これは仏教の悟りの考え方とは明らかに異なっています。これまでの講義をお聞きいただいたあなたなら、仏教の教えとどこが違うかおわかりですね？

青年　もともとの「釈迦の仏教」では、自我という錯覚の存在を自力で打ち消し、煩悩を断ち切ることが悟りに至るための道だったはずです。それに対してヒンドゥー教では、自我（アートマン）を永遠不変のものととらえた点が大きな違いだと思います。言うならば、仏教が無我を説いているのに対して、ヒンドゥー教は〝有我〟を認めているとでも言ったらよいでしょうか……。

講師　そのとおりです。お釈迦様は諸行無常を説いたわけですから、永遠不変の自我であるアートマンの存在を認めていません。逆に自我を想定するからこそ、人間は苦しむことになると考え、「自我がある」という思いを消滅させる修行へと向かったのです。

変容を許したことで仏教はアイデンティティを失った

青年　でもたしか、マウリヤ王朝のアショーカ王の時代には、仏教はインド全体を覆い尽くすほどの勢いがあったはずですよね。一度仏教に深く帰依した人たちがそう簡単に、悟りの方法が違うヒンドゥー教に鞍替えするとは私には思えないのですが……。仏教が衰退していった理由には、何か大きなきっかけのようなものがあったのでしょうか？

講師　外から他の宗教が入ってきたことが仏教衰退の原因だと一般には考えられているようですね。よく言われるのは、六世紀前半に北インドを支配したミヒラクラ王が仏教を弾圧したのが衰退の発端で、一二〇三年に当時最大の仏教寺院「ヴィクラマシーラ寺院」がイスラームの軍隊によって破壊されたことでインド仏教は終焉《しゅうえん》した――というものです。

もちろん、イスラームの脅威はありました。しかし、インド仏教消滅の真の理由は、「仏教自身の問題」にあります。「釈迦の仏教」が大乗仏教へと変容していった――そのひとことに尽きると私は思っています。

青年　なんですって？　先生は以前、仏教は様々なかたちに変容して選択肢の多い宗教になったことで、どんどん拡大して行くことになったと話されていたはずです。選択肢の多い宗教になったことが逆に消滅を招いたということですか？　おっしゃっている意味が私にはよくわからないのですが……。

講師　要するに、釈迦の時代には完全にヒンドゥー教とは別の教えだった仏教が、大乗仏教が成立して以降、次第にヒンドゥー教の教えに近づいていったことがインド仏教衰退の最大の原因だということです。ほぼ同じ教えを説いた宗教が二つあっても意味がありませんから、いつのまにか仏教はまわりのヒンドゥー教に吸収されてしまったのです。

先ほどヒンドゥー教の悟りについて解説した時、ヒンドゥー教の「梵我一如」の考え方が、どこか『華厳経』や密教の教えに通じていることに、お気づきになりませんでしたか？

青年　違いばかりに注目していて気づきませんでしたが……そう言われてみると、たしかに似ています。『華厳経』や密教が示した「この宇宙全体が一つのブッダ世界であり、そこに私たちは生きている」という考え方は、宇宙の原理と自我が一致した「梵我一如」とほぼ同じではないですか！

講師　そう思っていただけたら、「如来蔵思想《にょらいぞう》」についてもご理解いただけそうですね。じつは、『華厳経』とほぼ同じ時代に作られた別のお経では、よりヒンドゥー教に近づいていきます。

この経典の詳細はのちに述べますが、そこに登場するのが「如来蔵思想」、すなわち「もともと私たちの内部にブッダは存在していて、私とブッダは常に一体である」という世界観です。『華厳経』が「ブッダの世界の中に私は存在している」と考えたのに対し、ついには「ブッダは私の中にいる」と言うことになるのです。

青年　「自己の内部にブッダがいる」ととらえてしまうと、ヒンドゥー教の「梵我一如」と完全に同じになってしまうではないですか。

講師　そうです。「如来蔵思想」を持った時点で、インドの大乗仏教はアイデンティティを失い、ヒンドゥー教と同化する方向に進んでいったのです。歴史の教科書などには書かれていませんが、インド仏教衰退の理由は仏教そのものにあったというわけです。

青年　「もしも」の話で恐縮ですが……もしインドの仏教が「釈迦の仏教」の教えをかたくなに守って大乗仏教に変容しなかったとしたら、インドに今も残っていたでしょうか？

講師　その可能性は大いにあるでしょうね。たとえば、ジャイナ教の歴史を見るとそれがわかります。ジャイナ教は「釈迦の仏教」と同様に、インドに二千五百年前から伝わる古い宗教で、その教えもまた「釈迦の仏教」に似て、修行によって煩悩を消して解脱することを説いています。ただ一点、異なるのは、かたくなにオリジナルの教えにこだわったために、インド以外の地域に拡大することはなく、少数派ではありながら今もインドに根をおろしていることです。

青年　仏教にとっては、どちらの道がよかったのでしょうか？

講師　それはなんとも言えませんね。仏教は、これまでに見てきたとおり、変化を認めたことで多様性を持ち、選択肢の多い宗教となって外に向かってどんどん広がっていったその一方で、逆に中心地で衰退するというドーナツ化現象を引き起こしてしまいました。

今インドには、ジャイナ教より若干多い仏教徒がいますが、彼らは先に触れたアンベードカルの仏教復興運動を基点とし、さらにその後の逆輸入現象によって仏教徒になった人たちですから、「釈迦の仏教」とは別の、「新仏教」と言っていいものです。いずれにしても、仏教が非常に数奇な歴史をたどって現状に至っていることだけは疑いようのない事実です。

すべての人は生まれながらに「仏性」を持っている

青年　ところで、先ほどお話に出た「如来蔵思想」ですが、それが出てくるお経について教えていただけますか?

講師　そうですね。でも、その前に質問を一つさせてください。法話などの際に「みなさんは誰もが仏であり、生まれながらに仏性を持っておられます」と語るお坊さんがいらっしゃいますが、あなたは「仏性」とは何かご存知でしょうか?

青年　改めて意味を聞かれると答えに窮《きゅう》しますね。他者に対する優しさや思いやり、慈悲心のようなものが「仏性」だと、これまで私は思っていたのですが……。

講師　慈悲心なら、すでに「釈迦の仏教」の中で繰り返し説かれています。

しかし「仏性」というのは、大乗仏教になって初めて使われるようになった言葉ですから、そこにはそれまでなかった特別な意味があります。仏性というのは「ブッダとしての本性・性質」のことで、そうしたブッダとしての資質が自分の内部に備わっていることを、大乗仏教では「仏性を持っている」と表現しています。これが「仏性思想」とか「如来蔵思想」と呼ばれる考えの本質です。

今では日本の仏教宗派のほとんどは「自らの中にある仏性に気づき、人として正しく生きていれば誰もがブッダになれる」と説くようになっていますが、大乗経典の中で特に強く「仏性」を打ち出したのは『涅槃経』と呼ばれる経典です。このお経は、『華厳経』とほぼ同じ頃に作られたと考えられています。

仏性とはどういうものなのかを正しく理解していただくために、まずはこのお経について解説しておきましょう。サンスクリット語のタイトルは「マハーパリニルヴァーナ・スートラ」と言い、「マハー」は大きい、「パリ」は強調語、「ニルヴァーナ」は涅槃を意味します。「スートラ」はお経の意味なので、直訳すると「大いなる涅槃を語る経典」となります。

『涅槃経』と名づけられた経典には、第一講で紹介したように、紀元前に作られた「釈迦の仏教」のものと、四世紀頃に書かれた大乗仏教のものの二種類が存在しますが、今言っているのは大乗仏教のほうの『涅槃経』です。以後は便宜上、「釈迦の仏教」の『涅槃経』を「阿含『涅槃経』」、大乗仏教の『涅槃経』を「大乗『涅槃経』」と呼ぶことにします。

青年　『涅槃経』というタイトルからすると、どちらのお経も、お釈迦様が亡くなって涅槃に入られる時のことが書かれていると思ってよいのでしょうか？

講師　お釈迦様は八十歳の時に故郷のカピラヴァットゥへと向かう旅に出て、途中のクシナーラーという村で入滅したことになっていますが、その時の旅の様子や、亡くなる間際のメッセージが綴《つづ》られているという点では、阿含『涅槃経』も大乗『涅槃経』も共通しています。しかしこの二つのお経では、お釈迦様の説いた教えの内容が大きく異なっている*のです。

　まず阿含『涅槃経』では、お釈迦様が亡くなったあと、サンガを維持していくためにはどうすればよいか。何を拠り所に生きていけばよいかについて、お釈迦様から弟子たちに向けて様々な教えが語られています。

　その中で最も重要なのは「自洲法洲《じすほっす》（自灯明法灯明《じとうみょうほうとうみょう》）」という教えです。これは「自分自身と釈迦の教えだけを拠り所として生きよ」という意味です。つまり阿含『涅槃経』では、お釈迦様は「自分で努力して悟りへの道を歩め」と弟子たちに伝えてから亡くなったことになっています。

一方の大乗『涅槃経』では、「ブッダとは、無限の過去から無限の未来へと変わることなく存続する永遠の存在である」と言います。要するにこちらの『涅槃経』では、お釈迦様が入滅したというのはじつは方便で、本当は死んでいないことになっているのです。

このように、ブッダはこの世に常に存在しているという世界観を仏教では「如来常住」と呼んでいますが、大乗『涅槃経』では、この如来常住の思想が大変な熱意を持って繰り返し語られています。

青年　涅槃に入られたはずのお釈迦様が生きていると考えたのは、『法華経』の場合と同じですね。『法華経』も「久遠実成」という言葉で、「ブッダは永遠の存在で、どんな場所、

＊阿含『涅槃経』と大乗『涅槃経』とでは釈迦の教えの内容だけでなく、場面の様子も大きく異なる。たとえば釈迦入滅の場面をみると、前者では阿難（アーナンダ）ほか数人の弟子がひっそりと釈迦を看取り、火葬に付されたあと遺骨は在家信者に分配される。ところが後者では菩薩・神々・弟子だけでなく動物たちまでが大勢集まって嘆き悲しむ様子が描かれるが、そのあと釈迦が入滅したとも、火葬に付されたとも、遺骨が分配されたとも書かれていない。

いつの時代にも人々の前に現れてみんなを救う」と説いたのでしたね？

講師　はい、『法華経』の「久遠実成」と、大乗『涅槃経』の「如来常住」とはほぼ同じことを言っています。

ところで、「ブッダは永遠の存在である」という考え方はこの二つのお経にかぎったことではなく、多くの大乗仏教の教えに共通する世界観だと認識していただいて結構です。たとえば浄土教経典や『華厳経』では「このわれわれの世界にブッダはいないけれど、別の世界にブッダがいる」と説きました。ということは、広義的には「ブッダは永遠に存在している」ととらえていることになります。こうした「如来常住思想」を大乗経典の中で最も鮮明に打ち出したのが大乗『涅槃経』なのです。

「一切衆生悉有仏性」を説いた大乗『涅槃経』

青年　その大乗『涅槃経』の「如来常住思想」と、先ほどの「仏性」とは何か関係があるのでしょうか？
講師　ここからが本題です。大乗『涅槃経』は如来常住ともう一つ、それまでの経典にはなかった独自の教えを説きました。それが「一切《いっさい》衆生《しゅじょう》悉有《しつう》仏性《ぶっしょう》」という思想です。

「一切衆生」とはすべての生き物、「悉」とは「ことごとく」という意味ですから、大乗『涅槃経』は「すべての生きとし生けるものは、〈仏性〉、つまり仏としての本性を自分の中に持っている」と新たに説いたのです。この考え方はそれまでの経典とは一八〇度異なる点で、大乗仏教におけるコペルニクス的転回と言ってもよいかと思います。

青年　今のお話をうかがったかぎりでは、それほど新しいことを説いているようには私には思えません。ほかの経典も、「仏性」という言葉は使わなかったにせよ、「ブッダは永遠の存在だから、誰もがブッダと出会い、誓いを立てて修行に励むことは可能だ」と考えていたはずですよね。いったいどこが違うのですか?

講師　確かに「ブッダは私たちとともに存在していて、誰もがブッダになる可能性を持っている」という考え方はほかのお経と同じです。しかし、「ブッダは、どういうかたちで私たちとともに存在しているのか」についての考え方が、大乗『涅槃経』とほかのお経とでは大きく異なっています。

これまでの大乗経典は、ブッダの存在について、どのように定義したのかは覚えていらっしゃいますか?

青年　『般若経』や『法華経』では「過去に出会ったブッダが成仏の保証人として私たち

を見守ってくれている」。浄土教では「別の世界にいるブッダが、私たちを呼び寄せてくれる」。『華厳経』では「ブッダが別の世界からバーチャルな映像を送ってくれている」と考えたのでしたね？

講師　そうです。そうして見ていくと、ほかの経典は「ブッダは私たちとともにある」と説きながらも、あくまで私とブッダは別人格であり、ブッダは私たちを外からサポートしてくれる存在だととらえていたことがわかります。

これに対して大乗『涅槃経』は、自分の内側にブッダを取り込んで「ブッダと自分は同人格である」と説いたのです。これは明らかにほかのお経と違っています。

青年　なるほど。大乗『涅槃経』の特徴は「ブッダは私たちの外側ではなく、内側に存在している」ととらえた点にあるわけですね。しかし、自分の中にブッダがいると考えると、自分自身がブッダの現れであり「ブッダ」イコール「私」という話になってしまいませんか？

講師　まさに、そうです。あなた自身がすでにブッダなのです。「自分の中にブッダがいる」という考え方を大乗仏教では、如来（ブッダ）を胎児として体の中に宿しているという意味で「如来蔵思想」と呼んでいるのです。のちの日本の仏教は、この如来蔵思想をベースに発展していくことになるのですが、そのはじまりに位置する重要なお経——それが大乗『涅槃経』です。

自分の中にいるブッダに気づく

青年　如来蔵思想や仏性についてはだいたい理解できましたが、納得がいかないことがあります。先生がおっしゃるように、私がブッダと同一の存在だとしたら、すでに私は悟りを開いていることになりますよね。

でも現実の私は、「もっとお金持ちになりたい」「他人よりも出世したい」と願いながら煩悩まみれの生活を送っています。これが悟りを開いた状態なのですか?

講師　勘違いなさってはいけません。大乗『涅槃経』では、私たちはブッダになる資質を備えているとは言ったものの、すでに悟りに至っているとはひとことも言っていません。「一切衆生悉有仏性」とは、「すべての人が条件さえ整えば、外から誰かに助けてもらわなくてもブッダになることが可能である」という意味と理解してください。

では、その「条件」とは何かと言えば、別に難しいものではなく、日々の規律を厳格に守り「自分の中にブッダとしての本性（仏性）がある」ことを確認しながら暮らすということです。そうすれば、この世のすべてのものはブッダになれる、と大乗『涅槃経』では説いているのです。

この「仏性思想」が登場したことで、「われわれがブッダになるためには、別のブッダに出会わなければならない」という、大乗仏教が抱えていた根本的なハードルは解消されました。ブッダと私たちは一体化した存在なのですから、わざわざ出会う必要などない、ということになるのです。

青年 なるほど、そういうことですか。ところで先生は今、「この世のすべてのものはブッダになれる」とおっしゃいましたが、大乗『涅槃経』では人間以外の生き物であってもブッダになれると説いているのですか？

講師 もともとは、「一切衆生」ですから「すべての生きとし生けるもの」を意味していたはずです。ただし、インド仏教の段階では、その「生きとし生けるもの」に植物は含まれていませんでした。輪廻に植物は含まれませんから当然ですね。大乗『涅槃経』でも、植物にまで仏性があるとは考えていません。

それが中国に入ると「草木でも成仏できる」と考えられるようになり、さらに日本では「天台本覚《ほんがく》思想」に見られるように、山や川などの無機物でさえもあまねく成仏できるという「草木国土悉皆成仏《そうもくこくどしっかいじょうぶつ》」の思想が一般的になってきます。これは、別の言い方で「山川草木悉皆成仏」とも言われるもので、日本の仏教界では大いに人気を博しています。

青年　「天台本覚思想」とは難しそうな言葉ですが、簡単にご説明いただけますか？

講師　それほど難しいことを言っているわけではありません。本覚とは、われわれの中に存在する「仏となる智慧」のことで、それがすでに現象世界には現れている。つまり「煩悩」イコール「菩提《ぼだい》（仏の悟り）」、「生死」イコール「涅槃」であって、修行は不要であるとする考え方です。平安末期から口伝で継承され、鎌倉期に体系化されました。

　日本人は古くから、山や川、滝、岩など森羅万象すべてのものに魂が宿っているというアミニズム的な世界に生きていました。おそらくそれが強力な源泉となって、草木成仏の思想と結びついたのだと思います。

青年　「自分の中にブッダがいる」と言われると、常にブッダに守られているようで安心感が湧いてきますが、よく考えてみると妙な話ですよね。もともとの「釈迦の仏教」では自我の観念を消滅させることが悟りへの道だったはずです。そうすると、自我を消すのではなく、自分の中にあるブッダに気づきなさいという大乗『涅槃経』の教えは、本来のお釈迦様の教えとは、やはりかけ離れていますよね？

講師　おっしゃるとおりです。本講の冒頭の「インド仏教の終焉」の時にも少し触れましたが「一切衆生悉有仏性」、すなわち「如来蔵思想」という考え方を取り入れたことで、大乗仏教は、仏教というよりもヒンドゥー教に限りなく近づいていくことになったのです。

青年　ということは、その如来蔵思想を受け継いでいる、私たちが信仰している日本の仏教もまた、仏教ではなくヒンドゥー教だということですか？

講師　「釈迦の仏教」だけを仏教だと考えるならそうなります。しかし、「釈迦の仏教」を基点として、激しく変容していくその流れ全体を仏教だとするなら、ヒンドゥー教的な要素を多量に含んだ日本の仏教も、仏教の一形態ということになります。

日本の仏教がヒンドゥー教に近いことは確かですが、別の言い方をすれば、一切衆生悉有仏性という考え方を取り入れたことで、「日本仏教」という独自の〝色〟を持つようになったこともまた事実です。日本の仏教がヒンドゥー的であることがよいことか悪いことか、それはその仏教を運営していく日本仏教界の人たちの在り方次第なのです。

禅とは「信仰」ではなく「修行」である

講師　次に、大乗『涅槃経』の「一切衆生悉有仏性」の考え方とも関係の深い「禅思想」

を見ていきましょう。禅は現代人にも非常に人気の高い仏教思想なので、ある程度はご存知ですね？

青年　物をなるべく持たないシンプルな暮らしが禅的ライフスタイルだとか、毎日坐禅を組んで自分と対峙《たいじ》することが心に平穏をもたらす、といった話は、本や雑誌で読んだことがあります。でも、漠然としたイメージだけで、どんな思想なのかはっきりとは理解していません。

講師　では禅の歴史から順にお話ししていきましょうか。禅は、インドではなく中国発祥の思想です。道教などをベースとした出家者コミュニティがまず中国に存在し、それが「釈迦の仏教」の修行の一つである「禅定《ぜんじょう》」（瞑想によって心を集中する修行）と結びついて、仏教集団となっていったのが起源とされています。

開祖は、紀元五世紀後半に南インドから中国に来たと言い伝えられている菩提達磨《だるま》、要するに達磨大師ですが、日本においては、鎌倉時代に中国に渡った栄西と道元が、帰国後にそれぞれ臨済宗と曹洞宗を開いたのが禅宗のはじまりです。禅宗には特定の根本経典がなく、教えよりも生活スタイル（実践）がベースとなっている点で、他の大乗宗派とはかなり趣を異にしています。

青年　禅宗に特定の経典が存在しないということは、悟るための教えは何も示されていないと考えてよいのでしょうか？

講師　「禅とは信仰ではなく、修行である」とも言われるように、禅では基本的には書かれた法（教え）や、死んだあとの生まれ変わりといったことはさほど重視しません。輪廻を認めていないわけではないのですが、悟りに至ることを前提にしているため、輪廻については深く考える必要がないのです。

しかし世界観や、悟るための具体的な方法はちゃんと示されています。禅では、大乗『涅槃経』と同様に「私たちの内側には仏性があり、それに気づくことが悟りへの道である」ととらえ、仏性に気づくための修行方法として「坐禅修行」を重視しています。

青年　坐禅ならば、私も鎌倉のお寺で体験したことがあります。そのとき私は、ひたすら心を無にして何も考えないように心がけたのですが、本来は自分の中の仏性を確認するために行うものだったのですね。では、どうしたら坐禅で自分の仏性に気づけるのでしょうか？

講師　自分の中の仏性に気づくとは「主観と客観、自己と世界が分かれる以前の存在そのものに立ち戻る」ことを意味します。そのためには思考を内側に向かわせて雑念を払い、本来の自己を見つめ直すことが基本となります。その意味では、あなたが坐禅の時に行った「心を無にする」という姿勢は正しいと思います。

臨済、曹洞、そして黄檗

青年 ところで、同じ禅宗でも臨済宗と曹洞宗とでは、何か違いがあるのでしょうか？

講師 坐禅を修行の中心にする点では全く同じですが、スタイルに違いがあります。壁に向かって座るのが曹洞宗、壁を背にして座るのが臨済宗です。

また、曹洞宗がひたすらに坐禅すること（只管打坐《しかんたざ》）がそのまま悟りの現れであり、悟りの中にいるからこそ修行ができるという「修証一等《しゅしょういっとう》」（「修」は修行、「証」は悟り）を説くのに対し、臨済宗では坐禅に加えて「公案《こうあん》」と呼ばれる禅問答を重視しています。

青年 禅問答というのは、禅師が難解な質問を投げかけて、弟子がそれに答える思考トレーニングのことですよね。以前テレビのドキュメンタリー番組で禅問答の様子を見たことがあるのですが、難解すぎて私にはさっぱり理解できませんでした。

講師 一般の人には意味不明なことを言っているように聞こえますが、じつは禅問答には悟りの道がちゃんと示されているのです。わかりやすい例として「放下著《ほうげじゃく》」という禅問答を紹介しておきましょう。

ある日、修行中の僧が師に向かって「私は一切を捨てて無一物の境地となったのですが、これから何をすべきでしょうか？」と尋ねたところ、師はいきなり「捨ててしまえ！」と言ったそうです。そう言われても、捨てるものを何も持っていない修行僧は納得がいきません。そこで「何を捨てろとおっしゃるのですか？」と聞き返したところ、師は「捨てられないなら、かついでさっさと立ち去れ」と答えたそうです。「私は無一物の境地にいるぞ」という自尊心が捨てられない者は本当の無一物者ではない、という教えです。

青年 なかなか深いお話ですね。主観的にものごとを見ているだけでは答えは出ないけれど、自分というものを客観視すれば正しい答えにたどり着けることをこの問答では説いているわけですね？

講師 いや、それとはちょっと違います。禅問答は正しい答えを出すために行うものではないのです。今の「放下著」の話は、比較的わかりやすい問答ですが、ほとんどの禅問答は、理の通った正解は示されていません。なぜなら決まった答えなど存在しないと臨済宗では考えるからです。禅問答で最も大切なのは答えが正しいかどうかではなく、その答えがどんな心の動きの中で導き出されたかなのです。

こうした自分の心の中を探りながら煩悩を取り払っていくスタイルは、「釈迦の仏教」の教えに極めて近いものと言えます。その意味では臨済宗を伝えた栄西は、大乗仏教だけでなく、「釈迦の仏教」の本質についても理解していたと思います。

青年　確かに坐禅や公案など「自己鍛錬システム」を取り入れたという点では、禅は「釈迦の仏教」に近いもの、「釈迦の仏教」と大乗仏教を融合させたものと言ってよさそうですね。

講師　はい、しかしそうは言っても「釈迦の仏教」と大乗仏教はベースが違いますから、二つを擦り合わせながら理解するのは容易ではなかったようです。

曹洞宗を日本に伝えた道元は、「自分の力で煩悩を消して悟りに至る」という釈迦の教えと、「人は生まれながらに仏性を有していて、はじめから仏である」という如来蔵思想の間で、どちらを選ぶべきかさんざん悩みました。そこで最終的には、大乗仏教の禅を選んだのですが、「私たちの中に仏性がある」と言ってしまうと、特別な修行は必要ないことになってしまいます。でも禅では「坐禅」が重要な修行と定義されています。修行が必要ないのになぜ坐禅があるのか？　道元はここで大いに悩むのです。

青年　難しそうな話になってきましたね。道元は、「釈迦の仏教」が示した禅定という修行と、大乗仏教の教えの整合性をなんとかはかれないか、と考えたのですね？

講師　本来ならば中国の禅をそのまま日本に持ち込めばよいだけの話ですが、道元は非常に真摯な人物だったので「自分の中で納得できないものを伝えるわけにはいかない」と考えたのでしょう。悩みに悩んだ末に道元は、こんなふうに坐禅の意味をとらえなおします。「禅における坐禅は煩悩を消すための修行ではなく、自分がブッダであるということを確認する作業だ」と。

たしかにそう考えると整合性ははかれます。禅の意味を納得できるまでとことん追求していったという意味では、道元が示した曹洞禅は、極めて誠実なものでした。私は日本の名僧・高僧と呼ばれる人たちの中で最も釈迦に近かったのは道元だと思います。ただ、たまたまそれが、大乗の世界に生まれてきてしまった。そのために大乗的な世界観の中で精一杯にお釈迦様を目指したのでしょう。

青年　その後、日本の禅宗はどのようになっていったのですか？

講師　臨済宗は室町幕府の庇護を受けたことで武士や公家の間に広まり、一方の曹洞宗は地方の豪族や農民を中心に広まっていくことになりました。戦国時代に入ると、織田信長による仏教への迫害が始まりますが、禅宗（臨済宗）は保護されて武将たちの心の拠り所となっていきます。

やがて、江戸時代になると中国から「黄檗宗《おうばくしゅう》」が入ってきます。承応三年（一六五四）に来日した隠元隆琦《いんげんりゅうき》（一五九二～一六七三）が伝えた新しい禅は、臨済宗と念仏を融合した念仏禅ですが、他力を重んじる浄土教とは違い、厳しい清規《しんぎ》（生活ルール）を持つ宗派で、江戸の仏教界に新風を吹き込みました。

これに対して、堕落しつつあった日本の禅宗は危機感を覚えはじめます。曹洞宗は黄檗宗に取り込まれないために道元への復古運動へと向かう一方で、臨済宗では激しい黄檗宗批判が起こります。

そこに登場するのが、江戸時代の禅宗復興のキーパーソンとされる白隠慧鶴《はくいんえかく》（一六八五～一七六八）です。白隠は、公案の分類・使用法を整備して公案禅を体系化し、多くの弟子の育成や禅の民衆化に力を発揮して、「臨済宗の中興の祖」と呼ばれた人物です。

青年　白隠と言えば、ユニークな書画で有名ですね。

講師　そうですね。眼をギョロリと剝いた巨大な達磨大師の絵など、名前は知らずとも多くの人が彼の絵は目にしたことがあるでしょう。白隠は、「衆生本来仏なり」というわかりやすい言葉を使い、如来蔵思想を強調することで大衆の心をつかむことに成功しました。

庶民のレベルにまで禅を引き下げた功績は非常に大きいと言えます。しかし「すべての人は仏である」と言ってしまったことで、それなら特別な修行は必要ないだろう、という話にもなっていったことは否めません。

時代を経る中で変容していったのは曹洞宗も同じです。曹洞宗も臨済宗も最初は「私たちは生まれながらに仏性を持ってはいるが、仏性に気づくためには智慧が必要で、智慧を修するために坐禅を行う」と考えていたのですが、徐々に「体」だけで悟ることができるという方向に向かっていったのです。

しかし、なんの悩みもない者がただ座ったところで悟りなど開けるわけがありません。智慧なくして体だけで悟ることができると思い込みやすいところが、禅宗が陥りやすい落とし穴と言えるかもしれません。

「侘び寂び」と質素は別もの

青年 ところで「禅」と言えば、いわゆる日本文化と強く結びついている気がしますね。

講師 おっしゃるとおり、禅を語るうえでもう一つ外せないのは、日本文化との深い関係です。禅思想は書や水墨画、能、作庭、建築、文学など、日本の様々な文化や芸術に影響を与えたことで知られていますが、禅と最もつながりの深いものと言えば、茶の湯でしょう。私たちは当たり前のようにふだんからお茶を飲んでいますが、茶の湯（茶道）で用いる抹茶の製法と喫茶法を最初に日本に持ち込んだのは臨済宗の栄西と言われています。

青年　茶道の世界を表す言葉としては「侘《わ》び寂《さ》び」が有名ですよね。質素なものの中に美しさを見るという日本人ならではの感覚も、禅思想の影響で生まれたものと考えてよいのでしょうか？

講師　静寂な空間に身を置いて心を落ち着かせるという点では、禅における坐禅と茶道には通じるものがありますが、侘び寂びと質素は全くの別ものです。狭い草庵の中で渋い茶碗を愛でながら抹茶をいただく姿は、たしかに質素に見えますが、じつは当時の人にとっての茶会はとても贅沢なイベントです。俗な言い方で恐縮ですが、客人を招いてロイヤルコペンハーゲンの食器でフォアグラのソテーをいただく高級ディナー会のようなものと思っていただいてよいでしょう。「お茶をいただく」ということは、当時としてはとてつもなく豪華な享楽だったのです。

青年　私がこれまで思い描いていた茶道のイメージを、打ち砕くようなことをおっしゃいますね……。

講師　多くの人があなたのように「侘び寂び」を質素や清貧といったイメージでとらえているかもしれませんが、それは、じつは誤りです。なぜなら、禅文化というものは武家社会と禅僧との深い結びつきの中で育まれていったものだからです。

禅宗は他の宗派と異なり出家を基本とする教団であったため、組織を維持していくには経済的な支援者がどうしても必要でした。それで禅宗（特に臨済宗）には武家がパトロンとしてつくことになったのです。貧しい民衆から生まれた文化ならまだしも、権勢を誇る武士階級から生まれた文化に「質素」という言葉は似合いませんよね。

青年　他にも数多くの大乗仏教宗派があったのに、なぜ武家は禅宗に帰依し、支援を買って出たのですか？

講師　禅宗はストイックで自立的な生活を基本としていて、武士道の精神にもつながる部分があったことが、武士階級が共感した一番の理由です。武士たちは自分たちにはできない厳しい坐禅修行をしている禅僧を見て、「私たちがわかっていないことを、禅僧はわかっているのではないか。立派なことを身に付けているのではないか」と一段上の優れた存在とみなして憧れを抱いたのです。禅書の軸を茶室の床の間に飾ったり、禅僧を招いて茶会を開いたりするのも、すべて憧れの気持ちの表れです。

青年　先生に言わせると、茶会は「武士階級の贅沢なお遊び」ということになるのでしょうが、それならもっと豪華な茶室を作ったり、派手な茶器を使ってもよさそうですよね。それなのに、なぜ彼らは狭い茶室や地味な茶器にこだわったのでしょう？

講師　もちろん、そこには禅のストイックな精神を世界観として取り入れようという思いもあったはずですが、彼らは逆にそうした侘び寂びの中に高級感を見いだしていたのです。思多くの人はキラキラしたものを高級だと思っていますが、実際はそうとも限りません。思いっきり大きくてキラキラしたもので飾り立てたいという思いを、ストイックな抑制力で押さえつけるところに、自己の強さを表現しようという思考です。そして、その抑制力の競い合いが侘び寂びとして一般化していったのです。

作家の司馬遼太郎さんが『城塞』という本の中でこんなことを書いています。

「僧というのは、元来うその世界に生きている。念仏宗の僧たちはありもせぬ極楽を口一つで売って金にし、禅門の僧たちは数万人に一人の天才的体質者だけが悟れるということの道での、ほとんどがその落伍者で、そのくせ悟ったという体裁だけはととのえねばならぬため、「悟り」のあとは狐《きつね》が化けるようにして自分を化けさせ、演技と演出だけでこの浮世を生きている」

辛辣《しんらつ》ですが、この言葉は室町時代から江戸時代初期の頃の禅僧の姿を端的に言い表しているようにも思えます。

なにやら批判的に聞こえたかもしれませんが、最後にこれだけは言っておきましょう。たとえ禅文化が一種はったりの世界で生まれたものだとしても、現実に私たちはひび割れた茶碗や、飾り気のないシンプルなものに美しさを感じているのは間違いありません。そのことからもわかるように、禅が日本文化や日本人のものの見方に大きな影響を与えたのは疑いようのない事実です。

第七講

大乗仏教のゆくえ

日常の生活のすべてが修行である

講師　前講は禅宗を取り上げたことで、日本人に馴染みのある仏教の大枠についてはだいたいお話しすることができました。今回は仏教のこれからについて考えてみたいと思いますが、その前に、これまでの講義の中で、あなたが気になったことがありましたら、どうぞお尋ねください。

青年「釈迦の仏教」から様々な大乗仏教が生まれてきた中で、私も先生がおっしゃったように、「釈迦の仏教」に一番近いのは禅宗かなという気がしたのですが、それでもやはり隔たりを感じました。

「私の中にブッダがいる」という仏性についての考え方などはまさにそうですが、そのほかにも「釈迦の仏教」と禅思想の大きな違いというものはあるのでしょうか？

講師　修行や生活ルールの面でも禅宗と「釈迦の仏教」には様々な違いがあります。たとえば、禅宗では「労働」も修行の一環と考えて、自給自足を認めますが、これは「釈迦の仏教」にはなかった点です。

青年　たしか「釈迦の仏教」では、サンガのメンバーは托鉢に頼って生活するのが基本で、一切の生産活動を行ってはならないと定められていましたね。なぜ禅宗では畑を耕してもよいことになったのでしょうか？

講師　それは禅宗が「律」を持たなかったからです。律というのはサンガを維持して行くために出家者が守らなければいけない規則集のことです。サンガのメンバーが社会からお布施をいただくにふさわしい行動を示すためのルールブックのようなものです。

サンガ、つまり仏教の僧団であれば当然、律を持っているはずなのですが、禅宗の場合、もともとは仏教の僧団ではなく中国の道教コミュニティが発祥だったために律を持たなかったのです。禅宗にも、先の黄檗宗のところで触れたように、「清規《しんぎ》」というルールは存在しますが、これは行儀作法の決まりを書いたもので、律とは別のものです。

青年　禅宗が律を持たなかった理由はわかりましたが、自給自足を許したことがそんなに悪いことでしょうか。お坊さんが畑を耕したところで世間の人に信用されなくなったり、マイナスの印象を与えたりすることにはならないと思います。托鉢で家々をまわってお布施を恵んでもらうよりもよっぽど好感が持てる気がするのですが……。

講師　おっしゃりたいことはわかります。しかし、自給自足は本来の仏教にとっては許されざる行為です。自給自足が認められない理由を説明するには、なぜ出家者が托鉢に頼って暮らす必要があったのかを今一度理解しておいていただく必要があります。出家者が托鉢しながら家々をまわることの意味を以前の講義でもお話ししましたが、覚えていらっしゃいますか？

青年　ええと、修行だけに打ち込むためには働かないほうがよいので、すべての生活の面は一般の人たちに頼ることにした……という話だった気がするのですが……。

講師　ずいぶん前に解説しましたので、念のためにもう一度説明しておきましょう。

僧侶というのは悟りを人生の目標として暮らす人たちですから、仕事をせずに全エネルギーを修行に費やします。そして生活の糧はすべて、周囲の一般社会からの好意に依存するのです。

ですから、「私たちはみなさんだけを頼りにして暮らしています」という真摯で謙虚な姿を社会に対して示さねばなりません。自分たちで食料を自給しながら、そのうえさらに托鉢でご飯を集める、などということをすればたちまち世間から批判されてしまいますから、釈迦は、仏道修行者は人様からもらったご飯しか食べてはならない、と律の中で決めたのです。

しかし、仏教とは別の組織形態から出発した禅宗では、そういう理念が反映されることはなく、人里離れた場所で自給自足しながら、独自の集団生活を送るというスタイルが認められていたのです。禅宗の寺では、坐禅だけでなく、田畑を耕したり掃除をしたり食事を作ったりといった日常行為のすべてが「修行」ということになっていますが、そう考えるようになったのも、じつは自給自足を認めたがゆえの必然なのです。自給自足という行為と、釈迦の教えとの整合性をはかるために、禅宗では「日常の生活の中のすべての一挙手一投足が修行である」と説くようになったというわけです。

「律」を取り入れなかった日本の仏教

青年　そんな理由があったとは全く知りませんでした。ところで、先生が先ほどおっしゃった「律」という規則について、もう少し詳しく教えてください。禅宗以外の日本の宗派では、律をどのように守っているのでしょうか？

講師　じつは、そこが問題です。日本の場合、禅宗はむしろ、律を守って暮らしていた昔のサンガにかなり近い形態を持っているのですが、他の仏教宗派では禅宗以上にそういった面が希薄となり、律を持たないままで現在に至っているのです。

青年　ということは、律は「釈迦の仏教」だけに存在するもので、大乗仏教にはもとから存在しなかったわけですか？

講師　いや、それとも違います。仏教が誕生して以来、「釈迦の仏教」も大乗仏教も関係なく、いかなる時代、いかなる宗派においても律は重要なものとされてきました。十七条憲法の有名な言葉で「篤《あつ》く三宝《さんぼう》を敬え」というのがありますが、三宝とは「仏・法・僧」で、仏教はこの三つがセットで成り立っています。

「仏」は悟りの体現者であるブッダ（釈迦）、「法」はブッダが説いた教え、「僧」はブッダの教えを学ぶ僧集団、つまりサンガを意味します。どれが欠けても仏教とは呼べないので、サンガを維持していくためのルールとしての律は絶対に不可欠なものと考えられていたのです。

青年　それほど律が仏教にとって大切なものだとしたら、なぜ日本の仏教は、律を持たないままで発展したのですか？

講師　中国から日本に仏教が伝わった際に、律が導入されなかったのが原因なのです。中国の場合、確かに禅宗のように本来的に律を用いない仏教集団もありましたが、国全体としては、「サンガは律によって運営されるべきもの」という通念が定着していました。中国仏教は間違いなく、律を重視する世界だったのです。ところが、それが日本へ入ってきた時に大きく崩れ、日本だけが律なき仏教国になったのです。

どうしてそんなことが起こったのかというと、前にもお話ししましたが、もともと日本の仏教は鎮護国家を目的にしていたからです。奈良時代の仏教は国家のために奉仕することを目的として導入されたので、サンガという独自の組織を持つことが許されませんでした。そうなると、サンガという組織を布施で維持していくためのルールなどは必要ありません。それで日本には律が導入されなかったのです。

青年　でも、たしか律宗というものがありましたよね？　あれは律とは関係がないのですか？

講師　律宗は戒律の研究と実践を柱とする宗派です。奈良の唐招提寺《とうしょうだいじ》が本山で、中国から鑑真和上《がんじんわじょう》（六八八〜七六三）を招聘《しょうへい》して開かれました。

青年　律の専門家である鑑真を国家がわざわざ招いたということは、日本側には律を導入しようという気持ちがあったということにはならないのですか？

講師　表向きはそう見えますが、先にも言いましたように、当時の国家には「日本に律を定着させよう」という気持ちなどはなく、鑑真を招いた一番の理由は国内で授戒儀式を行うことにあったのです。

授戒とは、新しいお坊さんを作るための儀式のことで、律の規則によれば新しい僧侶を作るには少なくとも十人の僧侶の承認が必要とされています。つまり、十人のお坊さんがその場にいないと新しいお坊さんが生み出せないのです。
そこで朝廷は、日本で授戒儀式を執行するために、鑑真が十人以上の僧侶と一緒に来日してくれることを期待したのです。鑑真は日本で僧侶を自家生産するという目的のためだけに招聘されたのです。朝廷は日本に律を導入し、正しいサンガを国中に設立しようなどとは全く思ってもいませんでした。

青年　鑑真が「日本に律を伝えたい」という強い思いを抱いて海を渡ってきたとしたら、それはがっかりしたでしょうね。
でも今の日本を見ると、仏教は私たちの生活にしっかり根づいているようにも感じられます。律が日本に伝わらなかったことで何かまずいことでもあったのでしょうか?

講師　先ほど、仏教は「仏・法・僧」の三つで成り立っているというお話をしましたが、律が導入されなかったということは、「仏・法」の二つだけで日本の仏教は成立していることになります。じつは、この状況は非常に特殊なものです。日本のお坊さんやお寺しかご存知ない方は、今のお寺の在り方に疑問を抱くことはないと思いますが、もともとの仏教の教えとはかなり異なっているのです。

たとえば、お金でお布施をもらう、結婚して子どもをつくる、お酒を飲む、お寺に来た人から僧侶が直接拝観料を取る――これらは皆、律によって禁じられた行為なのです。

青年　しかし、最初から今のような状況ではなかったはずですよね。何がきっかけで日本の仏教は変容したのですか？

講師　寺や僧侶の在り方が大きく変容したのは、明治期の「廃仏毀釈《はいぶつきしゃく》運動」がきっかけです。維新政府が神仏分離令を命じて神社と寺院を分離させ、神道を国家宗教にしようとして仏教を弾圧したのを境に、一気に世俗化の波が日本の仏教に押し寄せることになったのです。

すでに申し上げたように、日本の仏教は律を持ってはいませんでしたが、江戸期までは国家（幕府）という後見役があったことで「僧侶はこうでなければならない」といったある程度のしばりがありました。たとえば、新義の法式を立てないこと、本寺と末寺の関係を乱さないこと、徒党を組み闘争を企てないこと、みだりに僧侶の数を増やさないことなどを法令（諸宗寺院法度）で定めていたのです。

しかし明治の混乱期に、その国家のしばりがなくなったことで、日本の仏教は大きく変容していったのです。もし日本に律が伝わっていたとしたら、強い歯止めがかかって今のような状況にはならなかったはずです。それを思うと日本の仏教の特殊性の最大の原因は、律が伝わらなかったことにある、と私は思っています。

鈴木大拙と「日本仏教」

講師　それでは、この講義のしめくくりとして、現在の日本仏教の在り方と、将来の予測について少し語りたいと思います。

禅思想は、「ZEN」という横文字に置き換えられて欧米諸国でも人気となっていますが、その日本の禅を世界に広める役目を果たしたのが、明治から昭和期に活躍した仏教学者・鈴木大拙《だいせつ》（一八七〇～一九六六）です。日本の仏教を語るうえでは欠かせない人物ですし、私自身その仕事の中身に関わったご縁もありますので、ここで少し時間を割いて紹介しておきましょう。

青年　鈴木大拙という名前は耳にしたことはあるのですが、その著書までは読んだことがありません。具体的にはどんなことをした人物なのですか？

講師　ひとことで言うと、日本人の心に脈打つ独自の感性を宗教という側面から明らかにし、それを西洋社会に伝えることで「東西文化の橋渡し役」を果たした人物です。『禅と日本文化』や『日本的霊性』など、彼の著書には熱烈なファンが多く、仏教に興味を持っている日本人のほとんどは、なんらかのかたちで彼の思想から影響を受けていると言っても過言ではありません。

青年　なぜ鈴木大拙の書いた本が、そんなに多くの人の心をつかむことになったのですか？

講師　鈴木の著書は、私たち日本人がふだん心の中で思っていること、感じていることを論理的に説明してくれているので、「ああ、私が常日頃感じていたことは、そういうことだったんだ」と改めて理解できて共感を呼びやすいのです。読んでいくうちに頭の中の霧が晴れていく――とでも言えばよいでしょうか。それゆえに彼の著書を読んだ人の多くは「仏教とは何であるかが、ようやくわかった」と思いがちなのですが、彼の著書を読む際は、あくまでそれは「日本固有の仏教をベースに書かれたものである」ことを理解しておく必要があります。

青年　つまり鈴木大拙の著書は、仏教全般について書かれたものではなく、あくまで日本の仏教についてだけを解説したものだということでしょうか？

講師　鈴木大拙の思想は「日本仏教」というジャンルに特化したものだととらえるべきで

しょう。若い頃の鈴木は、日本の仏教の特殊性にまだ気づいていなかったようで、三十七歳の時に大乗仏教全般を解説したものとして『大乗仏教概論』という英文の本を出版しますが、それを読んだベルギーの仏教学者ルイ・ド・ラ・ヴァレー・プサン(一八六九〜一九三七)はこんなふうに批判しています。

「鈴木の言う大乗仏教は、実際には仏教というよりもヴェーダーンタあるいはヘーゲル哲学に近いものである。大乗仏教は時代の流れの中で次第にヒンドゥー教に吸収されていったが、それでもそこには大乗固有の特性というものは厳として存在するのであり、大乗仏教をヴェーダーンタと同一視することなど許されるはずがない。ところが鈴木は、両者を完全に混同している」

「ヴェーダーンタ」とは、ブラフマンとアートマンの同一を説くヒンドゥー教の核となる思想のことです。つまり彼は、「鈴木大拙の語っている大乗仏教は本当の大乗仏教ではなく、むしろヒンドゥー教に近い」と喝破《かつぱ》したのです。

青年 それは、前講で大乗『涅槃経』の解説を聞いた時に、私が感じたことと同じじゃないですか。たしかに日本の仏教はヒンドゥー教とそっくりですよね。先生自身は『大乗仏教概論』をどのようにとらえているのですか?

講師　この本は英語で出版されたのですが、「若い時の未熟な著書だから再版はするな。和訳本も出すな」と鈴木自身が望んだために約百年にわたって封印されてきた本なのです。いったん活字として世に問うたものはもはや公の共有物であり、それをあとになって「再版するな」とか「翻訳するな」などと言うのはいささか傲慢《ごうまん》に思えます。

二〇〇四年になって、この本を日本で出版しようという企画が持ち上がり、その時に翻訳者として指名されたのが私です（『大乗仏教概論』〔岩波文庫〕を参照ください）。実際に訳に取りかかってみると、確かに彼の語っている大乗仏教なるものの多くが、実際のインドの大乗仏教とは似ても似つかないものであることがわかりました。

青年　本の中には具体的にどんな話が書かれているのですか？

講師　特に新奇なことが書かれているわけではありません。ただ、その根底にはヒンドゥー教の「梵我一如」や日本独自の「草木国土悉皆成仏」といった世界観があります。それを大乗仏教すべてに通じる思想であるかのように書いてしまっているため、批判を受けることになったのです。

また、この私の講義では経典別にそれぞれの教えを解説しましたが、鈴木はそれらを独自の観点でまとめて、単一の大乗仏教の教えとして提示しているのも特徴的です。言い換えるなら、釈迦の真の思想を世に知らしめるというスタイルをとりながらも、じつはその中には鈴木大拙自身の体験や思想が多く語られているのです。すべてを訳し終えた私は、本の「訳者後記」に次のように記しました。

「本書を、仏教学という学問世界の中に含めず、仏教という宗教の流れに置いてみるなら、それは『般若経』や『法華経』などの経典と同レベルに並ぶ『大拙大乗経』とも呼ぶべき新たな聖典の誕生を意味している」と。

青年　たしかにこれまでのお経の成り立ちを振り返ると、新しい経典が現代に誕生してもおかしくはないですよね。むしろ鎌倉時代以降、新しい大乗経典が生まれてこなかったことのほうが不思議と言ってもよさそうですね。

講師　ただし、「大拙大乗経」は少々危険な部分を孕んでいるので、読む際には注意が必要です。たとえば鈴木の数多くの著書の中でも特に評価の高い『日本的霊性』などは、読み方によっては危険なベクトルに向かう可能性を秘めています。

青年　『日本的霊性』というのはどんなことが書かれた本なのでしょう?

講師　『大乗仏教概論』で批判を受けた鈴木が、「自分の学説はすべての世界に通用するものではなく、日本だけに限定するものである」と思い直して、新たに書き上げたのが『日本的霊性』です。内容としては、それまでに構築した思想体系をベースにしながらも、そこに「日本人は独特の霊性（宗教意識）を持っている」という考えがプラスされているのが大きな特徴です。

青年　つまり、日本人を特別視しているともとれる内容になっているわけですね。誰でも「あなたたちは特別の存在です」と言われたら悪い気はしませんよね。

講師　そこが問題なのです。民族的な優位性を上手についているので、この本を読んだ人は言い知れぬ心地よさを感じて、「大拙大乗経」にどんどん嵌《はま》っていくことになるのです。しかし、「日本的」なんて言葉は本来おかしいですよね。「日本人は他の民族にはない特別な精神性を持っている」などとおっしゃる方がいますが、それは国家としてのアイデンティティを確立するための方便に過ぎません。日本人はもともと大陸から渡ってきた人がほとんどのわけですから、根底にあるものは大陸の人と変わらないはずなのです。それなのに日本的という言葉を持ち出して、そこにスピリチュアリティ（霊性）を結びつけたら、それはほとんど「大和魂」の焼き直しになってしまいます。

「大拙大乗経」はこれまでに解説したどの大乗経典よりも、日本人の心にすーっと入ってくる、非常にわかりやすくて素晴らしい教えであることは間違いありません。「日本人は特別な存在である」という教義がそこに加えられたことで、戦後の焼け野原から立ち上がろうとする日本人を励まし、救う力を持つようにもなりました。そういう意味では日本人にとっては最強の大乗思想が誕生したと言えます。しかしその「教え」は、今申し上げたように、一歩間違えると危険な方向に向かってしまう可能性があることは、この機会にしっかりと認識しておいてください。

すべての宗教は「こころ教」に一元化されていく

講師　日本の大乗仏教についての解説は以上で終わりますが、大乗仏教の流れやそれぞれの経典がどんな教えを説いたのかについては、おおよそご理解いただけたでしょうか？

青年　今まで自分がいかに仏教について知らなかったのかを、改めて気づかせていただいた気がします。とても面白くて勉強になりました。

しかし、最後の最後にこんなことを言うのは失礼かと思うのですが、やはり私には「輪廻や業」というものが存在するとはどうしても思えないのです。「自分の中にブッダがいる」と言われても、それを手放しで信じる気にはとてもなれません。科学がここまで発達した現代において、仏教を信じることに果たしてどんな意味があるのでしょうか？

講師　現代人であれば、おそらくほとんどの人が、あなたと同じ疑問を心のどこかに抱いているはずです。今の質問に対する答えにも関係してくると思うので、宗教の未来について私なりに考えていることを、最後にお話ししておきましょう。

これからの時代は、科学的に証明できるか否かがすべての物事の判断基準となるため、仏教はおそらくこの先、どんどん変容を迫られることになるでしょう。それで、どんな方向に向かうかと言えば、科学とうまく擦り合わせができないことを「心の問題」に置き換えて解釈するようになっていくはずです。それは仏教にかぎったことでなく、キリスト教やイスラーム教も同じです。そしてやがては、世界の宗教は「こころ教」*とでも呼ぶべきものに一元化されていくと私は考えています。

青年　「こころ教」とは、具体的にはどんな教えを説いたものになるのですか？

講師　科学と擦り合わせができない教義を掲げても誰も信じないので、絶対神の存在や、輪廻、業、浄土といった神秘的な概念は次第に薄まっていき、最終的には「今をどう生きるか」を示す単純なものになっていくと思われます。

---

*筆者（佐々木）の造語。「こころ教」をはじめとした、これからの日本の仏教の在り方については、鵜飼秀徳『無葬社会』（日経ＢＰ社）第四章「仏教存在の意義～佐々木閑氏に聞く」を参照。

「こころ教」のキーワードは「心」と「命」、動詞で言うと「生きる」です。最近の仏教宗派が掲げるキャッチフレーズをみると、「生かされている私の命」「命が心を生きている」といった意味不明で、しかし口あたりのよい言葉ばかりです。「こころ教」に向かう流れがすでに現実に起こりはじめていることがわかります。

意味のない言葉であっても、たとえば「念仏をとなえれば極楽浄土に行けます」といった、本来の教えを真正面から説く言葉よりは、多くの人に受け入れられるのは確かでしょう。なんとなくよいことを言っているように聞こえるので、すっと心に入ってくるのです。

しかし、すべての人の心に軽く入っていく教えというのは、じつは何も言っていないのと同じです。その宗派の教義とは関係のないありきたりの標語だからみんなが受け入れるのであって、受け入れたところで、一時の気休めになるだけで何の役にも立たない。それが「こころ教」の本質です。

青年　私の自宅の台所の壁には「ありのままの君でいいんだよ」「そんなに頑張らなくても大丈夫！」「時には自分を認めてあげることも大切だ」などといった癒《いや》しの言葉が書かれた日めくりカレンダーがかかっているのですが、なんだかそれと似ていますね。

講師　まさに今あなたがおっしゃった、ちょっとした心の持ちようが幸せのおおもとだという教えこそが「こころ教」なのです。聞けば心地よくて一時的な気休めにはなるのですが、そこには人の人生を丸ごと救う力はありません。

かつての宗教というものは「心の病院」であって、もう死んでしまいたいという絶望の淵にいる人を丸ごと救い上げるだけのパワーを持っていたはずです。しかし「こころ教」の場合は、最初からそのパワーを放棄しているので、一時療法にしかならないのです。

青年　では先生は、仏教が「こころ教」へと変貌を遂げていった先には、宗教としての未来はないと考えていらっしゃるのでしょうか?

講師　いや、そうは考えません。「宗教とはそういうものでいいのだ。優しい言葉で自分を励ましてくれるのが宗教だ」と思っている方も大勢いらっしゃるはずですから、たとえ一時的にではあっても、救われた気持ちになる人がいるとすれば、それはそれで、宗教の一つの在り方とは言えます。

青年　でも、私は「こころ教」にはたぶん入信しないと思います。台所のカレンダーのような言葉で楽になれるのなら、最初から先生の仏教講義などを受けませんよ。

講師　「こころ教」の時代が訪れたとしても、それに疑問を抱くあなたのような人は必ず出てくるでしょう。そういう人たちは全く逆の「原点回帰」「原理主義」の方向に向かっていきます。

決して間違ってほしくないのは、「原理主義」イコール「カルト」ではないということです。私がここで使っている「原理主義」とは、本来の宗教が果たす役割を担った少数の人たち、本来の教団の教えをそのまま受け継いでいく人たちのことです。つまり、科学的世界観よりも、自分の苦しみを救ってくれる宗教的世界のほうが真実だ、と考える人たちも必ず存在するのです。そして、いずれは「こころ教主義者」と「宗教原理主義者」の二極分化が起こると思います。

先ほど私は「宗教はこころ教に一元化していく」と言いましたが、どんなに科学が進歩したとしても「阿弥陀様が本当にいて、極楽浄土に私たちを連れて行ってくれる」と主張する僧侶や、それについていく信者がこの世からいなくなることはありえません。本当に生きるか死ぬかの状況の中で苦しんでいる人は、絶対的なものにすがることで救われます。不治の病で一ヵ月後に死ぬとわかったら、科学的事実として極楽浄土が本当にあるのかどうかは別としても、それを信じたいと願う人は必ずいます。私自身、そうなる可能性はあると思っています。信者の数は減っていくかもしれませんが、昔ながらの仏教も、それを必要としている人がいるかぎりは生き残っていくでしょう。

本物の宗教とは一人残らず幸せにすること

青年　ところで「こころ教」の時代になったとしたら、お坊さんたちは社会でどんな役割を担うことになるのでしょうか？　最近は、テレビやラジオに出演して、世の中の出来事について宗派を超えた立場からいろいろと語るお坊さんも多くいらっしゃいますが、これからの時代には、そうした社会に向けての発信も重要になると考えてよいでしょうか？

講師　仏教者という立場から何かを語るのは決して悪いことではないのですが、宗教には口を挟んでいいことと、いけないことがあります。最近のお坊さんの中には、戦争や脳死、原子力発電、死刑制度廃止問題などについて「仏教ではこれこれこうです」といった言い方で意見を述べる人がいますが、あのような発言は慎《つつし》むべきだと私は思っています。

青年　戦争や脳死、原発、死刑制度廃止、どれも人間の生き死にが関係したテーマなのだから、お坊さんがコメントしてもなんの問題もないように私には思えるのですが、どうして先生はいけないと考えるのですか？

講師　なぜなら仏教は、そうした問題を正しく解決するための道筋を持っていないからです。本来、仏教というものは、すべての人を一人残らず幸せにするために存在しています。

誰かを幸せにする代わりに、他の誰かを不幸にしてしまうものは仏教とは呼べません。政治ならば百人のうち九十九人が幸せになって、不幸になるのが一人だけなら、その道を選択すべきだと考えますが、仏教の場合はプラスマイナスの差し引きで考えてはいけないのです。

たとえば、死刑制度廃止については、命の大切さを重視する立場からすれば廃止を叫んだほうがよいように思えます。しかし、死刑が完全に廃止されることで死刑になる人は救えますが、被害者家族の中にはそれによって一生不幸になる人もいるはずです。死刑制度を廃止したことで苦痛を感じる人が一人でもいるなら、仏教はそのことに対して口を出すべきではないのです。

戦争に関しても同じです。「世界平和を目指しましょう。武器や暴力を世界から排除しましょう」と言うのなら、誰も害を被《こうむ》りませんから全く問題はありません。しかし、道徳や正義を振りかざして「この戦争は善い、あの戦争は悪い」「この国の行為は間違っている、あの国の意見に従うべきだ」などと発言することはいけません。それによってどこかの誰かが不幸になる可能性がある以上は、発言を慎むべきなのです。

青年　おっしゃっていることはわかりますが、そんなふうに考えていくと社会で起こっている事柄に、お坊さんは一切口を出してはいけないことになってしまいませんか？　「こころ教」の時代がくるとすれば、何かを発信しなければお坊さんの存在意義すらなくなってしまうように私には思えるのですが……。

講師　いえ、私は「僧侶は何も語るな」と言っているのではありません。仏教が積極的に語るべきテーマ、取り組むべきテーマも数多く存在します。たとえば「ホスピス・ケア」の活動などもその一つです。死期が迫った人たちの多くは、心に不安や恐怖を感じて今にも押しつぶされそうになっています。それを少しでも和らげてあげるのが僧侶の力の見せどころです。

また、自殺防止のための働きかけにも、もっと日本の仏教界は積極的に関わっていいはずです。今の日本では悲しいことに毎年何万人もの人が、様々な悩みを抱えて自ら命を絶っています。「心」と「命」と「生きている」を混ぜ合わせたようなキャッチフレーズを考えている暇があったら、生きることに苦しんでいる人たちに本気で向かい合い、一人でも多くの命を守ることを僧侶は考えるべきでしょう。

青年　自殺を止めるためにお坊さんは何をすればよいのでしょうか？　極楽浄土の話をしても、逆にそれは自殺を勧《すす》めることにもなりかねませんよね。やれることと言えば、絶望している人の話に真摯に耳を傾けて、元気づけてあげることくらいしかないようにも思うのですが、果たしてそんなことで自殺は止められるのでしょうか？

講師　傾聴やアドバイスだけでは不十分でしょう。本気で死にたいと思っている人に「今のままのあなたでよいのです」と声をかけたところで、一時的には自殺を思いとどまらせることはできたとしても、根本的には何の解決にもなりません。教団全体がある程度の身を切る覚悟を持って、その人の人生を丸ごと受け入れるシステムまで考えてこそ、はじめて自殺を止めることができるはずです。

青年　その受け入れシステムとは、いったいどんなものを指すのでしょうか？

講師　実現するのは非常に難しいとは思うのですが、「釈迦の仏教」のサンガのようなものが日本にあれば、自殺者は減らせると私は思います。若い頃のお釈迦様は病・老・死の苦しみを知ったことで、生き方の基準がわからなくなって悩み苦しみました。おそらくその時のお釈迦様は、今で言う「自殺志願者」と同じ状況だったと思います。その苦しみから逃れるために彼は出家集団であるサンガを作りました。

つまり、当時のサンガとは「価値観を変えることで人生をリセットする場所」として存在していたのです。そして出家者は、この世に絶望している人に「死なずに人生をリセットする方法が存在する」ということを、自らの身をもって示す役目を果たしていたはずです。ですから今の時代であっても、サンガのような受け入れシステムを仏教集団が用意して、悩んでいる人に向かって、「あなたの人生を丸ごと引き受けます。うちのサンガへおいでなさい」と声を掛けることができれば、大勢の人を救うことができるでしょう。

青年 なるほど。仏教サンガは現代社会における「心のセーフティネット」としての役目を果たすこともできる、と先生は考えていらっしゃるのですね。しかしそうは言っても、サンガを維持していくための「律」が伝わらなかった日本で、今さらサンガを作るのは難しそうですね。

講師 そこが問題なのです。律が存在しない日本には、本当の意味でのサンガは存在しません。今になって律を復興してサンガを作ろうとしたところで、それは無理な相談でしょう。特に浄土真宗などは「自力」を完全に否定しているので、自分の力で修行するための場としてのサンガを作ろうとすると、どうしても教義と相容れない部分が出てきてしまいます。

律の存在を抜きにして、なんらかのかたちでお釈迦様の理念を実現できればよいのですが、残念ながらどういったシステムを構築すべきか、その答えは私にもまだ見つかっていません。しかし、たとえそれが実現困難な道であったとしても、それを考えていくことには大きな意味があるはずです。

青年 これまでの先生のお話をうかがっていると、今のサンガの話もそうですが、大乗仏教から「釈迦の仏教」へと回帰すべきだとおっしゃっているように、私にはどうしても聞こえてしまうのですが、それも難しいというわけですか？

講師 「釈迦の仏教」は確かに素晴らしいものです。自己鍛錬システムに特化しているという点では、合理的かつ論理的で現代人にも十分受け入れられる魅力を秘めています。

ただし、すべての人がお釈迦様のようにそれまでの生活を捨てて出家できるはずはありません。ある意味、「釈迦の仏教」はエリートのための宗教です。出家したくてもできない人、世のしがらみから抜けるに抜けられない人のために、大乗仏教は生まれてきました。「釈迦の仏教」と大乗仏教が異なる教えを説く宗教であることは、これまで見てきたとおりです。しかし、釈迦の教えと直接つながっているかどうかというのは、じつは私たち自身の生き方にとって大きな問題ではありません。「釈迦の仏教」であれ、大乗仏教であれ、「大拙大乗経」であれ、本質が「人を生きる苦しみから救い上げる」ことにあるとすれば、すべての教えには意味があります。

これからの時代で大切なのは、仏教の考え方や世界観を一人ひとりがどんなかたちで生活の中に取り入れていくか――これに尽きると思います。そのためにはやはり「学び」が必要です。狭い世界の中で目先のお経ばかり読んでいても仏教を理解したことにはなりません。歴史的な流れの中で日本の仏教がどのような立ち位置にあるのかを理解して初めて、本当の仏教の意味が見えてきます。

この講義をきっかけに、仏教についてもっと深く知りたいと思う人が一人でも増えるなら、こんなにうれしいことはありません。数々の鋭いご意見、ありがとうございました。

青年　こちらこそ、本当にためになりました。「宗派とは、いったい何だろうか」「同じ仏教なのに、どうして教えが違うのか」という当初の疑問が一気に解消されただけでなく、仏教成立史の全体像を知ることができて、とても有意義な時間をいただきました。誠にありがとうございました。

図13　日本の仏教の流れ

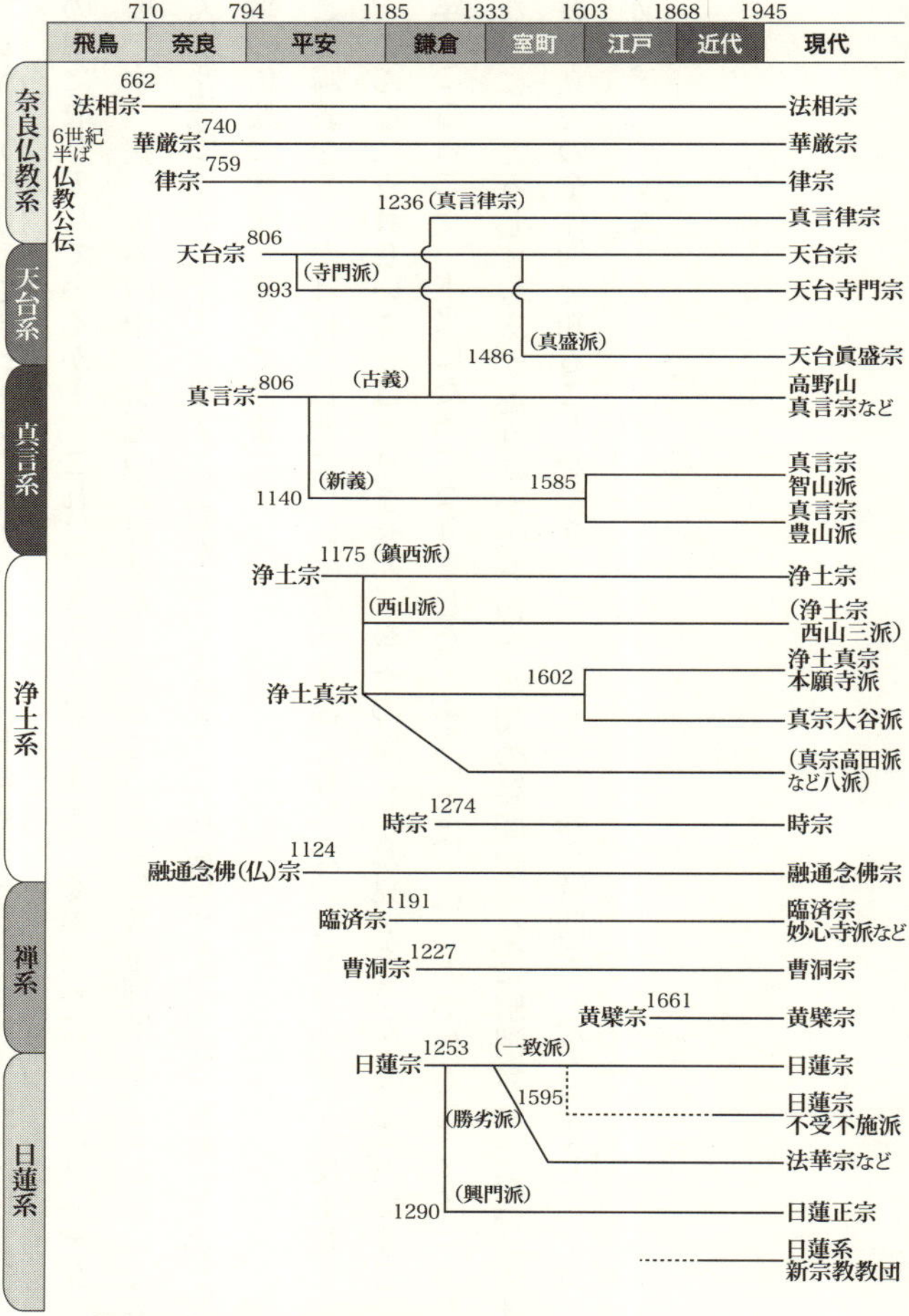

文化庁編『宗教年鑑』（平成27年版）掲載の図をもとに作成
※日蓮系諸派の基点を「日蓮宗」としているが、歴史学的には「法華宗」とする方が適切である

補講　今も揺れる大乗仏教の世界

――『大乗起信論』をめぐって

「フェルマーの最終定理」が証明されるまで

このあとは、補講として私（佐々木）の語りで、最近の大乗仏教研究がどのような問題に直面しているかを見ていきたいと思います。本稿は二〇一八年十二月に新たに書き下ろしたものです。

私は若い頃、自然科学を勉強していた時期があって、その頃は科学者の伝記などもずいぶん読みあさりました。そんな読書経験の中で、人類全体の世界観を変えるほどの大発見が、無数の科学者たちの人間臭い活動の中で生み出されていく様を、まるで現前で展開する映画のようにドラマチックに見ることができて、「理論が誕生するプロセス」というものにすっかり魅了されました。

ある日一人の天才が、それまで誰も気づかなかった視点でこの世を観察し、「ひょっとしたらここにはなんらかの隠された真理があるのではないか」と疑問を提示することで事件は始まります。やがてその疑問が重大な意味を持っているということに多くの専門家たちも気づくようになり、その是非をめぐって数多くの知恵者たちが様々に研究を進め、議論し、時には対決の火花を散らすうちに、少しずつその真理の扉は開かれていきます。そして、問題解決に必要なすべての条件がそろった時、最後の主役が登場して、一挙に決着をつける。最初の疑問が正しいものであったにしろ、あるいはそれが間違った予想であったにしろ、ともかくその疑問に対する明快な答えが提示され、その段階でこの事件は落着するのです。場合によっては、この一回のプロセスが完結するのに数百年かかることもあります。

たとえば数学最大の難問の一つであった「フェルマーの最終定理」は、十七世紀フランスの数学研究者フェルマー（一六〇一～一六六五）が、自分が読んでいたディオファントス（二四六頃～三三〇頃）の『算術』という本の余白に一つの数学定理を書き込んだところから始まりました。そこには「私はある定理の驚くべき証明に成功したが、この余白には、それを書き記す余裕がない」とあって、証明なしで、その定理だけが書かれていたのです。当然、これを知った、のちの数学者たちは、彼が言う「驚くべき証明」を見つけようと大いに努力したのですが、それがどうしても見つかりません。誰にでも解けそうなのに決して解けない。フェルマーが余白に書き記した定理は、そんな悪魔的な魅力のあるものでした。一人の先人が重大な疑問を世に投げかけ、それを後続の専門家たちが必死で解こうとする。そういう典型的な状況がここに現れてきたのです。

素人、専門家の別を問わず、数え切れない数学愛好者たちを虜《とりこ》にし、時にはそういった人たちの人生を狂わせるほどの影響力を持ちながら、この「解けない問題」はその後、実に三百六十年もの間、数学界に君臨し続けました。フェルマーの最終定理を証明することは数学者の見果てぬ夢だという、あこがれとあきらめの混ざり合ったような気分が長く続いたのです。

それが突然、一九九五年に、イギリスの一人の優れた数学者アンドリュー・ワイルズ（一九五三〜）の手によって完璧なかたちで解決したのですから、数学界は大騒ぎとなりました。もちろん、それまでに数多くの天才たちが問題解決の手がかりを見つけ出し、少しずつ扉は開いていたのですが、まだまだ先は遠いと皆が思っていたところにワイルズが登場し、ありったけの最新理論を駆使して一挙に城塞を突き崩してしまったのです。

こういった理論誕生のドラマチックなプロセスは、話の面白さという点でも最上級ですが、それにもまして重要な意義は、解けぬ難問を解こうとして皆が死力を尽くす中で、次々と新領域が開拓されていくところにあります。

一見すると、素人でも簡単に証明できそうなフェルマーの最終定理は、蟻地獄のように無数の数学愛好者を引きつけましたが、今になって振り返ってみれば、その奥には、恐ろしく複雑で高度な数学理論でなければ説明できない深淵が潜んでいました。多くの人がフェルマーの最終定理に人生の時間と労力を吸い取られ、枯れていったのですが、ごくわずかではあってもそれを機縁として、ものすごい成果を上げていった数学者たちもいました。彼らの仕事はそのそれぞれが、数学界の方向を変えてしまうほどの大研究となりました。「フェルマーの最終定理を証明する」という一つの課題が触媒となって、数学界全体が大いに進展し、新次元へと踏み出すことができたのです。

「世親二人」説が仏教哲学研究の発展を生んだ

数学に限らず、科学の様々な分野で同じようなことが起こっています。こういった理論誕生のプロセスの繰り返しこそが、真の意味での「学問の発展」と言えるでしょう。

翻《ひるがえ》って仏教学という学問領域を眺めた場合、確かにこれと類した事例はいくつか目につきます。たとえば、アビダルマ仏教の達人にして唯識《ゆいしき》思想の大成者で、しかも数多くの仏教聖典にすぐれた注釈を書いた世親という古代インドの学僧がいますが、「世親という人物は実は二人いたのではないか」という疑問が提示されたことがあります。フラウワルナー（一八九八〜一九七四）という世界的な大仏教学者が一九五一年に自身の論文で発表しました。その後、この問題は多くの研究者の興味を引き、これが引き金となって世親研究が飛躍的に発展しました。それがひいてはアビダルマ、唯識といった仏教哲学の根幹にまで関わる一つの大きな研究領域に展開したのです。

フラウワルナーの疑問は正しかったのかどうか、という点に関しては、「やはり世親は一人だったのだろう」という見解が現在の主流ですが、だからと言ってフラウワルナーの評価が下がることは全くありません。むしろ、仏教学に新しい流れを生み出したその慧眼《けいがん》に誰もが大いなる敬意を払っています。

こういった素晴らしい例もあるにはあるのですが、全体として見ると、やはりしっかりとメリハリのきいたかたちで学説の是非が論じられ、そしてそれが、万人が納得するかたちで決着するという例はほとんど見られません。やはり文系の学問は自然科学に比べて、学説を客観的に論証することが難しいのです。

ところがそんな中でごく最近になって、仏教学の世界で長年にわたって注目されてきた大問題がきれいに解決し、しかもそれによって、従来の大乗仏教の思想が根本的に変わってしまうという驚くべき研究が発表されました。本書の最後でそれを是非ともご紹介しておきたいと思います。

長い歴史の中、紆余曲折を経て生み出されてきた大乗仏教も、現代においてはすでに固定化されており、これから先の時代にその教えが劇的に変更されることなどない、というのが仏教界の大方の見解だと思うのですが、今回のこの出来事はそういった通念をひっくり返すものです。千五百年にわたって「これが大乗仏教の基本典籍だ」と思われてきた書物が、実は後代の編集物にすぎなかったという新発見は、これからの大乗仏教世界に大きな衝撃を与えることになるでしょう。

『大乗起信論』の作者は馬鳴ではない

問題の書は『大乗起信論』という仏教哲学書です。この本は今からおよそ千五百年前の六世紀前半、中国南北朝時代の頃に漢文のかたちで現れました。「古代インドの著名な仏教哲学者で馬鳴《めみょう》（アシヴァゴーシャ、一～二世紀頃）という人がはるか昔に書き、それを真諦《しんだい》（パラマールタ、四九九～五六九）という名翻訳者が中国語に翻訳した、大乗仏教の本義を語る素晴らしい入門書」という名目で、突然広がり始めたのです。

内容は、本書でもご紹介した如来蔵思想と、唯識という仏教的唯心論が一体化され、そこへさらに、「他のインド仏教聖典には見られないような独特の思想」が加味された、非常にオリジナリティーの高い仏教哲学書であり、しかもそれが短く簡潔なスタイルになっているので、読み手に強烈なインパクトを与えます。「他のインド仏教聖典には見られないような独特の思想」と言いましたが、その代表例が、「この世のすべての存在は真如《しんによ》である」という主張です。

真如というのは「仏の境地から見た真の在り方」という意味ですから、「この世のすべての存在は真如である」という『大乗起信論』の主張を言い換えると、「この世のすべての存在は仏の境地から見た真の在り方である」ということになります。なんだか変ですね。「この世のすべての存在は、仏の境地から見れば、何々という真の在り方で存在している」と言うなら理解可能ですが、「この世のすべての存在は仏の境地から見た真の在り方である」とはなんとも奇妙な言い方です。「存在」がイコール「在り方」だと言うのです。

この、落ち着きの悪い不思議な主張を、深い哲学的命題だと思い込んで思索をめぐらせば、やがては万物神秘論となり、「この世のすべてのものは、仏となるべき存在としてある」という独自の見解へと展開します。その延長上に、日本ではお馴染みの「草木国土悉皆成仏」（無機物も含めて、この世のあらゆる存在は仏の資質を含んでいる）という考えも生まれてくるのです。

千五百年前の『大乗起信論』の出現は、その後の中国・朝鮮・日本の仏教界に延々と多大な影響を与え続けました。日本に限っても、最澄、空海、源信、法然、親鸞、明恵《みようえ》（一一七三〜一二三二）といった高僧たちは皆、多かれ少なかれ『大乗起信論』を拠り所としていますし、近代になっても鈴木大拙、井筒俊彦（一九一四〜一九九三）といった知者が、『大乗起信論』を最大限に評価し、これをベースにして自己の思想的立場を構築しました。『大乗起信論』の注釈書に至っては、中国・朝鮮・日本全域でその数、実に三百本を超えています。

これほど長きにわたり、東アジア仏教圏全域で注目され、研究され、崇拝され続けてきた『大乗起信論』が、実は馬鳴の著作ではなく、それどころかインドで書かれたものでもなく、南北朝時代の中国において中国人によって創作された仮託本《かたくぼん》（権威付けのために、他人の名前を騙《かた》って出された本）だという衝撃的な説が、大仏教学者の望月信亨《しんこう》（一八六九〜一九四八）によって提示されました。大正時代（一九一八年頃）のことです。

実は『大乗起信論』が世に現れてすぐの頃、中国には「この本は中国で作られたものであり、馬鳴が書いたインド由来の書物ではない」という意見もあったのですが、巨大な「起信論ブーム」の波に呑み込まれて全く無視されていました。こういった痕跡情報を手がかりとし、さらには自らが原典を詳細に分析した結果として望月は、『大乗起信論』が南北朝時代の中国において活動していた地論宗《じろんしゅう》南道派と呼ばれる宗教集団内部で作成されたものだという説を示しました。大乗仏教千五百年の定説にたった一人で立ち向かったのです。

望月信亨と宇井伯寿の論争

当然ながら、この望月説に対しては多くの批判が巻き起こりました。口を極めて罵倒《ばとう》する人や、穏やかな口調ではあっても、くだらない愚論として否定する人など様々な人が意見を述べ、そしてもちろん、望月説を擁護する人も現れました。賛否入り乱れての議論となったのですが、なにしろ問題は『大乗起信論』の生まれ故郷がインドなのか中国なのかという点にあるのですから、これを合理的に論じることができるのはインド語も漢文もできる学識者だけです。「伝統に楯突くとはけしからん」とか「新しい考えだから賛成しよう」といった根拠のない素人考えの意見がいくらたくさん出てきても意味はありません。

この点で、望月説のその後の展開において真に影響力を持ったのは、日本仏教界の重鎮、宇井伯寿《はくじゅ》（一八八二〜一九六三）でしょう。インド、中国両方の仏教文献を自在に扱うことのできる希代の碩学《せきがく》であった宇井は、この望月説に反対して『大乗起信論』インド成立説を強固に主張しました。こうして、大学者二人が全く正反対の論を主張することとなり、議論は白熱していったのです。

戦後になっても結論は出ず、多くのすぐれた研究者が智恵を絞ってこの問題に取り組みました。先のフェルマーの最終定理のところでも言いましたが、こうやって未解決の大問題に多くの専門家が取り組んでいく、その過程で学問というものは発展するのです。『大乗起信論』の場合も同じです。望月が提示した一つの疑問が、後続の多くの研究者の関心を惹き、その一人ひとりの研究の成果がそれぞれに新たな学問の扉を開いていく、そういう状況が出現したのです。

長年の研究の結果として、大きく分けて四つの説が出そろいました。

まずは、昔からの伝統説をそのまま信じるというもの。つまり、一〜二世紀頃の古代インド人馬鳴が書き、それを六世紀になって真諦が中国語に翻訳したという説です。

二つめは、馬鳴ではなく、もっとずっと後になってから別のインド人が書いたものを、六世紀になって真諦が中国語に翻訳したというもの。作者が馬鳴かどうかは別として、『大乗起信論』が古代インドで作られたと考える点は伝統説と同じです。

三つめは、インドからやってきた仏教者が中国で書いたというもの。『大乗起信論』には、インド的な要素と中国的要素の両方が見出されるのですが、もしインド人が中国に来て書いたとすれば、この点についてもうまく説明がつきます。この三番目の説も最近まで多くの支持者を得ていました。

そして四つめが、『大乗起信論』は南北朝時代の中国人が創作し、それを「馬鳴が作り、真諦三蔵が翻訳した」というかたちで権威付けした仮託本だという説。これこそが望月信亨の説です。

望月が提唱し、その後百年にわたって未解決問題として多くの仏教学者を魅了し、論争に巻き込んできたこの問題。影響は日本国内にとどまらず海外にも広がっていきました。特に中国と韓国の仏教界にとって、事は深刻です。日本と同様、両国の仏教もまた『大乗起信論』をたいへん重視し、それを思想的基盤としているのですから当然でしょう。もしそれが南北朝時代の仮託本だということになれば、これまで積み上げてきた信頼が大きく揺らぐことになります。この論争のゆくえは、日本・韓国・中国という東アジア三国の仏教の浮沈にも関わる重大な意味を持っているのです。

とはいえ、多くの仏教関係者はおそらく、事態をかなり楽観的に見ていたと思います。

なぜなら、この問題はいつまでも未解決のままで持ち越されていくと思っていたからです。望月、宇井という二大巨頭が真正面から対立し、その後も数多くの碩学が論争を繰返し、それでも解決する気配の見えないこの難問が、ある時パッと解けてしまうなどという事態は想定していなかったのです。ですから、僧侶も仏教学者も「まあ、一応はインド仏教の正統な哲学書ということで紹介しておいても、将来困るようなことにはならないだろう」と高をくくっていたようです。「仏教思想の本質を『大乗起信論』で読み解く」といった類《たぐ》いの本が今に至るまで間断なく出版されていることからもそれがわかります。

百年の難問を解いた二つの鍵

ところが二〇一七年、この問題がきれいに解けてしまったのです。百年の難問に決着をつけた最後の主人公は大竹晋《すすむ》（一九七四〜）という若手の仏教学者です。大竹さんは昨年出版した『大乗起信論成立問題の研究――『大乗起信論』は漢文仏教文献からのパッチワーク』（国書刊行会）という本で、『大乗起信論』が間違いなく、中国南北朝時代に存在していた中国人の手により、先行文献を断片的に寄せ集めて作られたパッチワークだということを、有無を言わさぬかたちで証明してしまいました。

大竹さんの先生は竹村牧男（一九四八〜）という仏教学者で、この人が望月説を証明するための お膳立てを整え、それを基盤として大竹さんはこの偉業を成し遂げました。ではなぜ、それまでの人たちにはできなかったことが大竹さんにはできたのか。鍵は二つあります。一つはコンピュータの発達。もう一つは敦煌《とんこう》で見つかった様々な仏教文献が近年になって利用可能なかたちで続々と出版されたことです。

ここ数十年のコンピュータの発達により、今ではほぼすべての仏教文献が電子テキストとして利用可能になりました。検索機能を使えば、『大乗起信論』の中の語句や文と同じものが他の仏教文献の中にもあるかどうかが一瞬でわかります。そうやって『大乗起信論』と他の中国文献を比較調査した結果、『大乗起信論』はその全体が、それまでにすでに存在していた様々な中国文献からの切り貼りでできていることがわかりました。

さらには、敦煌出土本などの種々の中国文献を精密に分析することで、それらが決して「インド語で書かれた文献からの切り貼りを、あとで中国語に翻訳したもの」ではなく、「中国語で書かれている文献を、インド語を知らない中国人が切り貼りしたもの」であることも論証しました。インド語を知らない中国人が、中国語で書かれた文献だけを使って切り貼りし、そこに自分の考えを書き加えた結果が『大乗起信論』だ、ということが複数の確実な証拠によって示されたのです。

望月説では、『大乗起信論』は南北朝時代の地論宗南道派内で作られたとされていたのですが、今回の研究によりそれは修正され、地論宗以前の北朝内で作られたことも明らかとなりました。これで『大乗起信論』の由来ははっきりしました。大竹さんは望月説の正しさを証明し、さらにそれを一層磨き上げて、最新鋭の学説にまで高めたのです。この研究の意味をもっと詳しく知りたい方は、石井公成《こうせい》氏が書いた書評を読んでみてください。とてもわかりやすく有益な論評です（【書評】大竹晋『大乗起信論成立問題の研究——『大乗起信論』は漢文仏教文献からのパッチワーク』）。インターネットにあがっていますので、キーワード「書評　大竹晋　大乗起信論」で見つけることができます。

『大乗起信論』パッチワーク説が与える影響

学問世界で長年未解決であった大問題が解決すると、その成果が学界の外側にまで影響を与え、結果として一般社会におけるものの見方まで変えてしまう、ということがよくあります。おそらく今回の『大乗起信論』パッチワーク説もそうなるでしょう。日本の多くの宗派は、『大乗起信論』を深遠な仏教哲学の本として無条件で崇めてきました。多くの僧侶や仏教解説者が「大乗起信論こそは仏教の真髄を語る書である」という立場で立派な解説書を書き、教えを垂れてきました。しかしそれはすべて、「一旦消去」されねばならなくなりました。

もちろん、『大乗起信論』が無意味な紙くずになったなどというのではありません。中国南北朝時代の学識ある僧侶が、すでに存在していた中国文献（その中にはインドから翻訳された本当のインド由来の本も多数含まれています）を渉猟し、ここはと思う箇所を抜き出してつなぎ合わせ、そこに適宜自分の思いや、北朝仏教内の見解なども書き足してできたのが『大乗起信論』ですから、そこにはその当時の中国仏教界の思想が反映しています。その意味で、『大乗起信論』は立派な仏教書です。

ただそれは、千五百年にわたって仏教界の常識とされた「大乗仏教の本義を説き示す、根源的な仏教解説書」という位置づけからは外されねばなりません。当然ながら、『大乗起信論』を元にして大乗思想を解明しようとした論説は皆、根底からひっくり返ります。『大乗起信論』をベースにして自己の思想を形成した、東アジア仏教国の名僧・高僧たちの言葉も再評価されねばならないでしょう。鈴木大拙や井筒俊彦といった現代思想家も、その評価がぐらつきます。鈴木の『大乗仏教概論』や井筒の『東洋哲学覚書　意識の形而上学——『大乗起信論』の哲学』は、今も思想界に大きな影響力を持っていて、現代の著述家で、これらの本を大いに評価している人も見受けられますが、そういった人たちの論考もすべて、土台が崩れることになります。こういった影響の甚大さを考えると、一人の研究者の緻密な学問研究の成果が、その学問世界を超えて、一般社会の通念さえも変えていくという壮大な現象の新たな事例がまた一つ加わった、と私は考えています。

今回の大竹さんの研究では、『大乗起信論』の編纂者自身が、自分の創作物を馬鳴に仮託したらしいということも指摘されています。つまりパッチワークとして創作した本を、「これは古代インドの偉人、馬鳴の作である」と嘘をついて世に広めたということです。もし『大乗起信論』をすぐれた仏教書として評価するのなら、そのような不正をする人物をすぐれた仏教思想家として認めるということになります。今後、『大乗起信論』を扱うに際しては、こういった、編纂者の内的状況までも考慮したうえで評価していかねばならないでしょう。

大竹さんの本は出版されてまだ一年しか経っていません。見たところ、まわりはまだじっと静観しているようです。しかし聞くところによると、中国語訳も進行中とのこと。海外で、その成果を知りたいと待ち望んでいる人も大勢いるようです。いずれこの本をめぐって、様々な反応が現れてくることになるでしょう。中国、韓国、日本の仏教界がこれからこの本とどう向き合っていくのか、その成り行きに注目しています。大乗仏教の世界は、現代に至っても決して固定化されているわけではなく、様々な機縁によっていくらでも変容するということを『大乗起信論』の最新学説を例としてご紹介しました。それが、この章に「今も揺れる大乗仏教の世界」というタイトルを付けた理由です。

おわりにかえて──「仏教とは何か」を知ること

大乗仏教の歴史を研究していると必ず出会う名前があります。江戸時代の町人学者、富永仲基です。彼は、それまでの仏教界では全くの常識とされた大乗仏教仏説論、すなわち「お経と名のつくものは皆、釈迦などのブッダが説いた仏説であり、そのすべてが正統なる仏教の教えだ」という考えに異をとなえ、「経典というものは、先にあったものを土台として、次の世代の人たちが別のものを新たに創作し、それをもとにまた別の人が次のものを作るという連鎖的操作で生み出された」という説を主張しました。「加上の説」と言います。

「加上の説」は、彼が実際に万巻の経典を読み込んだうえで到達したきわめて合理的な結論です。しかし、この説は当時の仏教界に非難の嵐を巻き起こしました。考えてみればそれも当然です。富永の主張に従えば、ほぼすべての経典は釈迦が説いたものではなく、のちの世代の人たちが釈迦の名をかたって次々に創作したものだということになるのですから、それらの経典を自分たちの教義の要に据えている日本の宗派にとって、この説はゆゆしき邪説とみなされたのです。

今になってみれば、富永は眼前にある資料を分析して最も合理的な結論を導き出しただけのことであって、至極まっとうな学者であったことは明白ですが、そのすぐれた仕事も、強く偏向した仏教界の中では悪魔の所業とみなされました。

富永は三十歳で「加上の説」をまとめあげ、そして三十一歳で亡くなりましたが、彼が死んだ時、多くの僧侶が快哉《かいさい》の声をあげたということです。「悪業の報《むく》いだ」と言って罵倒《ばとう》した僧侶もいたそうな。

その後、明治になり、海外から仏教に関する新たな情報がもたらされるにつれて、「大乗の経典は仏説ではない」という事実が次第に明らかとなり、富永の仕事がようやく評価されるようになりました。いろいろと悶着《もんちやく》もありましたが、結局のところ、動かぬ証拠が次々に提示される中、歴史的事実が宗教的熱情を押しやるかたちで「大乗非仏説論」が学界の主流となり、それにともなって仏教界全体も、それを一応は受け入れることとなったのです。

とはいえ、「大乗仏教は釈迦の教えとは別ものだ」という「大乗非仏説論」は、日本の各宗派の僧侶や、あるいはそこに属する多くの熱心な信者さんたちにとって決して居心地のよいものではありません。大乗仏教の教義を苗床《なえどこ》にして膨大な文化を生み育ててきた日本には、「できれば大乗は、釈迦の教えそのものであってほしい」という願いがそこはかとなく、しかし途切れることなくただよい続けているのです。

このような状況は今も続いています。驚くべきことに、「仏教学」という学問の世界にまで、そういった願いは入り込んできています。

たとえば、「釈迦の仏教」が説く悟りの道と、大乗仏教の言う「ブッダになるための道」がこれほど違っているのに、「釈迦の仏教からの自然現象として、誰が意図したわけでもなくおのずから大乗経典が現れた」などというおかしな説を説く学者がいます。釈迦の教えが、その後の弟子たちによってゆがめられ、矮小化《わいしょう》されたのが部派仏教であり、その誤った仏教を矯正して、釈迦本来の教えに戻したのが大乗仏教だ、などと傲慢《ごうまん》なことを平気で言う学者もいます。

さらには、自分たちが属する宗派の教祖が、釈迦と全く同じ思想を持つ完全無欠な人物だった、と言い張る人たちもいます。これらの説はいずれも、今の自分たちの立場を釈迦と直接結びつけることで、その正統性を示したいという切実な思いの現れです。実際には結びついていないものをどうしても結びつけたいという思いが、本来の学問の姿をゆがめているのです。

おそらくこういった研究者たちは、意図的に歴史的事実をねじ曲げようなどとは思っていないでしょう。おおもとの動機は、強い宗教的熱情だと思われます。しかしそれと同時に、自分が属する仏教の流派を正当化したいという自己中心的な思考が、「客観性を重んじる」という学問の基本理念をねじ曲げているという点では、憂慮すべき行為でもあるのです。

この本で私は、大乗仏教の概要をきわめて大まかに語りました。もちろん一番の目的は、大乗仏教というものがどういった構造でできているのかを、読者のみなさんにわかりやすくお伝えすることにあります。

しかしそれだけでなく、大乗仏教が釈迦の教えとどれくらい隔たったものであり、その一方でどういう点に共通性があるのかを、できるだけ客観的に提示することも大きな目的だったのです。ともかく釈迦の教えから禅に至る、仏教の全体的な流れを一冊の、しかも読みやすい本として示すことで、仏教を考える際の物指しとして使っていただきたいという思いです。

富永の時代の仏教界は、今では想像もつかないほど偏枯《へんこ》で剣呑《けんのん》な状況であったと思われます。その中にあって文献学的分析を武器として正論を主張することができたのは、ひとえに富永の卓越した頭脳と学問に対する信念があればこそ。それにくらべれば現在の環境ははるかにおだやかです。大乗経典が真の仏説ではないと主張して、声高に非難されることはありません。

実際、大乗経典がどこで誰の手によって作成されたのかという問題は、学界の重要なテーマとして公に議論されています。しかしそれでも、明確には現れてこない基調低音として「大乗はブッダの教えそのものだ」という主張は鳴り止まず、搦《から》め手《て》から様々な手法で寄せてくるのです。そしてそういった人たちの主張が、「仏教とは何か」という最も基本的な問題の答えを探している多くの人たちを迷わせます。本書がそういう混濁《こんだく》した状況の中で、なんらかの道しるべとして働くなら私にとってそれはたいへん有り難いことです。

最後に私事ながら、自分の仏教者としての立場についてひとこと述べておきます。私自身は釈迦の教えを信頼して生きているのですが、釈迦を絶対視するような信者ではありません。つまり、釈迦の教えの中には今の自分にとって必須の、優れた教えがたくさん入っていることは認めても、だからといって釈迦の教えを丸ごと全部、絶対の真理として受け入れるわけではない、という意味です。

たとえば釈迦は、業とか輪廻といった、今の時代ならそのまま受け入れることのできないような奇妙な教えを説きました。私はそういった考えを全く信じていませんが、しかしその一方で、二千五百年前の釈迦がそれを認めていたということは当然だと思っています。

なぜなら業や輪廻は、当時のインドの人々の間ではきわめてあたりまえの自然現象だと考えられていたからです。釈迦もそういった時代の流れの中で業も輪廻も認め、その上に釈迦独自の「安楽への道」を構築しました。ですから私は、その釈迦独自の見解に深く心を寄せ、信頼しているのであって、当時の一般的通念まで一緒くたにして信じる気はないのです。

このような私の姿勢に対して、「自分にとって都合のよい点だけを勝手に取り出して信奉するのは、仏教徒としてけしからんことだ」と批判する人が大勢おられるかもしれませんが、それはそれで構いません。私独自の仏教者としての本義は、「自分の心に少しも嘘をつかないようにして釈迦を信奉する」ということなので、現代の科学的世界観の中に身を置きながら、釈迦の教えで生きていく道はこれしかないと確信しているからです。

この世界は科学的な法則によって粛々《しゆくしゆく》と動いているけれど、その中で暮らす私たちは心の中の煩悩のせいで苦しみ続けねばならない。この状態から抜け出すためには、釈迦の教えのうち、現代の科学的世界観においても通用する部分を抽出して、それを自分の「生きる杖」にするというのは全く当然のことであり、それ以外に自分の心を偽らずに生きる道はないということです。

心の底では信じていないことを仏教の教えだからと言って信じているふりをしたり、あるいは今の自分の世界観に合わせるために、たとえば「釈迦は本当は業も輪廻も説かなかったのだ」というように歴史の方をねじ曲げようとする人を見かけますが、私にはとてもそんな器用なことはできません。やはり自分が持っている世界観に沿って正直に仏教と向き合うのが一番納得のいく生き方だと思います。

そしてこのように考えてきますと、「釈迦の仏教」からは大きく逸脱したように見える大乗仏教の様々な教えにも、じつは大きな意義があるということが理解できるようになります。釈迦の教えを丸ごと信仰するのではなく、今の自分にとって意味のある部分だけを抽出して拠り所とすることで救われるのなら、それと同じことが大乗の教えについても言えるはずです。

本書で紹介したように、同じ大乗とは言っても経典によって様々な世界観があり、それぞれに怪しげな点や信じがたい不自然さを含んでいます。今のわれわれが、それを心底信じるというのはたいへん難しいことです。しかしそこには、生きる苦しみを消してくれるなんらかの作用が含まれていることも事実なのですから、それを正しく見いだして、自分に合ったかたちで取り入れることができれば、「釈迦の仏教」ではなしえないかたちでの救済が可能になるはずです。

仏教は長い歴史の中で、他の宗教には見られない極端な多様性を持つようになりました。独自性を失った芯のない宗教になっていったと見ることもできますが、別の見方をすれば、どのような状況にある人に対しても、なんらかの救済法を提示できる、万能性のある宗教になったとも言えます。宗教の存在価値が、私たちを生きる苦しみから救い出すことにあるとするなら、多様な顔を持つ大乗仏教もまた、その真理のエッセンスを取り出すことでいくらでも効能を発揮することができるはずです。このような視点で、大乗仏教の新たな価値を見いだすという作業は、私たち現代人にも大きな恩恵をもたらしてくれるものと確信しています。

佐々木 閑

本書は、二〇一七年四月に小社から刊行された『別冊ＮＨＫ１００分de名著 集中講義 大乗仏教――こうしてブッダの教えは変容した』の内容に加筆を施したうえで、新たな章（講）を書き下ろし、再構成したものです。

編集協力　湯沢寿久
中村宏覚
図版作成　小林惑名
校閲　北崎隆雄
ＤＴＰ　山田孝之

佐々木 閑 ささき・しずか
1956年、福井県生まれ。
花園大学文学部仏教学科教授。文学博士。
京都大学工学部工業化学科および文学部哲学科仏教学専攻卒業。
同大学院文学研究科博士課程満期退学。
専門は仏教哲学、古代インド仏教学、仏教史。
著書に『ゴータマは、いかにしてブッダとなったのか』
『NHK「100分de名著」ブックス ブッダ 真理のことば』
『NHK「100分de名著」ブックス 般若心経』
『NHK「100分de名著」ブックス ブッダ 最期のことば』など多数。

NHK出版新書 572

大乗仏教
ブッダの教えはどこへ向かうのか

2019年1月10日　第1刷発行
2021年9月15日　第3刷発行

著者 佐々木 閑

発行者 土井成紀

発行所 NHK出版
〒150-8081東京都渋谷区宇田川町41-1
電話 (0570) 009-321 (問い合わせ) (0570) 000-321 (注文)
https://www.nhk-book.co.jp (ホームページ)
振替 00110-1-49701

ブックデザイン albireo

印刷 新藤慶昌堂・近代美術

製本 藤田製本

Printed in Japan ISBN978-4-14-088572-7 C0215

NHK出版新書好評既刊

脳を守る、たった1つの習慣
感情・体調をコントロールする
築山 節
60代を過ぎて老年期を迎えた脳は「鍛える」のではなく「守る」もの。「1日1頁、5分書くだけ」で、脳の機能は維持することができる！
557

こうして知財は炎上する
ビジネスに役立つ13の基礎知識
稲穂健市
五輪、アマゾン、いきなり！ステーキ、漫画村……。身近な最新事例で複雑化する知的財産権の現状と「トラブルの防ぎ方」が学べる実践的入門書！
558

藤田《フジタ》嗣治がわかれば絵画がわかる
布施英利
日本人として初めて西洋で成功した破格の画家・藤田嗣治。その作品世界の全貌を3つのキーワードで追い、絵画美術の普遍の見方を導く。
559

ジェロントロジー宣言
「知の再武装」で100歳人生を生き抜く
寺島実郎
自分と社会を変えていく学問「ジェロントロジー」。なぜ必要なのか？ どう身に付けるべきか？ 知の巨匠による、新・学問のすすめ。
560

平成論
「生きづらさ」の30年を考える
池上 彰　上田紀行
中島岳志　弓山達也
二〇一九年四月三十日、「平成」が終わる。東工大リベラルアーツ研究教育院の教授四人が、「宗教と社会」を軸に、激動の時代を総括する。
561

子どもの英語にどう向き合うか
鳥飼玖美子
2020年からの小学校英語「教科化」が不安視されている中、親がとるべき姿勢とは？ 早期英語教育の問題点も提起しつつ、その心得を説く。
562